Aphrodite

阿芙洛狄忒

Monica S. Cyrino

［美］莫妮卡·S. 西利诺 著 张鑫 译

西北大学出版社

·西安·

项目支持

古典辞书编纂与古典语文学研究

（2020CDJSK47ZH07）

重庆大学"双一流"学科重点建设项目

"外国语言文学一级学科水平提升计划"

丛书中文版序

> "去梦想不可能的梦想……"

什么是神？传说，出生于古希腊凯奥斯岛（Ceos）的诗人西摩尼德斯（Simonides），曾在公元前6世纪受命回答过这个问题。据说，一开始，他认为这个问题很好回答，可思考越久，他越觉得难以回答。若当初果真有人问过他这个问题，我也不相信他曾经得出令人满意的答案。当然这个传说，很可能是后人杜撰的。但是，关于西摩尼德斯及其探求规定神性构成要素的传说，可追溯至古代，表明关于定义"神-性"有多难甚或不可能，古人早就心知肚明。

本丛书试图处理的正是西摩尼德斯面对的问题，丛书采取的视角不是作为宽泛概念的"神"或"神性"，而是专注于作为个体的神圣形象：对于这些神祇和其他存在者，丛书将其置于"诸神"和"英雄"的总体名目之下。

丛书始于一个梦——这个梦符合一位对难以捉摸的超自然

存在者感兴趣的人。做这个梦的人,就是劳特里奇出版社前编辑凯瑟琳(Catherine Bousfield),她在2000年前后的一个夜里做了这个梦。凯瑟琳梦见她正在看一套丛书,每本书的研究主题是一位"奥林波斯"神,作者是研究这位神祇的专家。醒来后她确信,世上一定已经有了这样一套丛书——她肯定在哪里见过这些书,或许在某家书店橱窗里,或在某家出版社的书单上。但在查询书单和询问同事后,她才逐渐意识到,这套丛书并不存在,而只存在于她的梦中。

当凯瑟琳与其他人,包括主编理查德(Richard Stoneman)分享她的梦时,得到的回应都一样:这套书应该已经有了。理查德和凯瑟琳朝着实现这个梦前进了一步,他们问我是否有兴趣主编这样一套丛书。我"毫不迟疑"地接受了邀请,因为,当时我正在研究一位特殊的古代神祇雅典娜,以其作为探索古代文化、社会、宗教和历史的工具。我欣然承担了此项任务,并开始为拟定的书目联络资深作者。我的邀请得到的回复都是满满的热情和"我愿意"(yesses),他们都表示有兴趣撰写某一本书,然而——尽管所有人都确信这套丛书是"好事",可将诸神和英雄作为独特对象来研究的做法,在学术界到底已经过时了。

当时学者的兴趣,大多在于古人在宗教事务上的作为——譬如,他们举行仪式时,以及在献祭活动中的做法——对这种崇拜的接受者，他们都没有多大兴趣。在为更"普通的"读者撰写的文学作品中，情况则全然不同，有些极好的"畅销书"和"咖啡桌边书"，展现了个别神祇与众不同的特点。我主编这套书的目的，就是要将处在学术边缘的诸神引入中心。

诸神在学者中失宠有一个原因，就是认为独特实体不是学术研究的可行主题，因为——尽管"畅销的"文学作品可以传达此主题——毕竟世上没有一样事物就是某一位神或英雄的某种"曾经之所是"。无本质要素，无连贯文献，无一致性格。相反，在艺术家和著作家笔下，任何一位神都呈现出千姿百态。每个群体都以截然不同的方式构想诸神；连每个家庭也是如此。的确，每个人都能与一位特殊的神建立属己的联系，并按照其特殊生活经验来塑造他。

在更早期阶段，学术界以一个假设作为出发点：每个神都具有其自己的本质和历史——对他们的宗教崇拜，的确千变万化、捉摸不定，尽管古代的多神教并不就是真正的多神教，在任何意义上也不存在多不胜数的神祇。古代宗教好像是由一组一神教构成的——这些一神教平行而不以任何有意义的方式相互重叠，就像对于古希腊人而言，有一个"宙斯宗教"，有一个"雅典娜宗教"，有一个"阿芙洛狄忒宗教"，如此等等；地中海和古代近东的其他文明中的宗教也是如此。譬如，对于罗马人而言，可以有一个"朱诺宗教"，也有一个"马尔斯宗教"，如此等等；在苏美尔人（Sumerians）当中，有一个"伊南娜宗教"（Inanna religion），有一个"恩基宗教"（Enki religion），有一个"马耳杜克宗教"（Marduk religion），如此等等。

这套丛书并不试图回到这种过于单一地理解古代诸神的方式。这种观点出自一种一神教，这是犹太-基督教看待古代宗教的方式。相反，这套丛书试图迎接挑战，探究一种宗教观念模式，其中的诸神内在于世界，诸神可以无处不在处处在，而且往往不可见，有时候也会现出真容。

丛书传达了如何描述诸神才对人类有益的方式，他们描述诸神的典型方式就是将其描述得像人类一样——拟人化，具有人类的形象和行为方式。或者，如丛书所记录的那样，人们也会以非人类的动物形象或自然现象来设想诸神。譬如，阿芙洛狄忒，她常被描绘为伪装成一个女人，有理想的体形，带有一种特别令人渴望的女性美，但也以石头的形象受到崇拜；或如雅典娜，她能够显现为一个披甲的女人，或显现为一只猫头鹰，或显现在橄榄树闪烁的微光中，或显现出一道犀利的凝视，作为 glaukopis［格劳考皮斯：意为"眼神犀利的"，或眼神闪耀的，或灰眼的，或蓝绿眼的，或猫头鹰眼的，或就是橄榄色眼的。可能的译法之广泛本身就表明，有不同方式来传达古代表现任何神圣事物的某种特点。

总之，诸神能够无处不在，也被认为变化多端，但也仍然能够清晰地描述他们。丛书的另一个目标，就是要把他们当成截然不同的实体来把握，而且任何对显而易见的连贯性的观察，都需要以违背分类一致原则的宗教实体为背景。这也正是他们何以是诸神的原因：这些存在者能够具有表象，也能够活动在人类的世界中，但他们却是具有力量和魔力的实体，他们能显现，也能消失不见。

尽管现代西方人将诸神——或上帝——理解为超验全知和道德正直，他们也常常为诸神故事中所记述的行为震惊：他们会背叛其他神，会虐待其他神，也会表现出妒忌，甚或有杀婴和弑亲这样的恐怖行为。

古代诸神只是看似为现代西方人所熟悉。由于基督教扎根之后所发生的事情，古代诸神不再受到崇拜。在全然不同的宗教观念模式下，那些形象能够安插进基督教化了的德性观念之中，继续发挥重要作用。

与此同时，他们不再被视为真实的存在者，这些形象中很多变成了文化作品的主流——譬如，在艺术中，在"高级"和"低级"文学作品中，还有在音乐中，从古典音乐伟大时代的歌剧，到摇滚歌队"安提戈涅放飞"（Antigone Rising），再到流行艺术家嘎嘎小姐（Lady Gaga）以维纳斯的形象出场，几年前，还有一位流行歌星米诺（Kylie Minogue），扮作维纳斯的希腊对应者阿芙洛狄忒。或者，从美国（嘎嘎）或澳大利亚（米诺)的西方流行音乐,到韩国流行音乐(K-pop),也都是如此:2019年,韩国"防弹少年团"(Korean boy band BTS)成员,各自戴着某个古代神祇的面具(金硕珍扮成了雅典娜,闵玧其扮成了赫菲斯托斯,郑号锡扮成了宙斯。接下来,金南俊是迪奥女,金泰亨是阿波罗,朴智旻是阿耳忒弥斯——最后——田柾国扮成了波塞冬)。

与此同时,对于一代年轻人来说,赖尔登(Rick Riordan)的佩西·杰克逊小说系列(Percy Jackson novels),创造了一个希腊诸神曾经存在过的世界,他们以伪装和被遗忘的方式活过了数世纪。

诸神和英雄仍然是现代的组成部分,西方文化受益于数世纪的古典传统,现代人能够感觉到与他们熟稔。丛书的另一目标是记录这些世纪的复制和挪用——正是这个过程,使古代的阿芙洛狄忒们、维纳斯们,等等,被误认为堪比曾生活在凡人中间的存在者——甚至连佩西·杰克逊小说系列,也依赖于一种理解:每个神都是一个连贯的实体。

丛书中文版的新读者,也许恰恰能以前的读者所不具备的方式来理解丛书中的诸神和英雄。新读者也许更能理解一个诸神内在于其中的世界——在这个世界中,对于古希腊哲人泰勒斯(Thales)而言,诸神"内在于万物"。古代诸神——尽管对于现代西方人如此不寻常——能够进入每个人的梦。可以认为他们寓居于自然之境,或寓居于他们自己的雕像中,或居住在他们自己的神殿中。可以视其为人类的祖先,甚或视其为获得了神性的人类。

古代地中海和近东的诸神与中国诸神的亲缘关系,更甚于其与当代西方人的关系,当代西方人虽然继续在刻画他们,却不认为他们是这个世界所固有的诸神。

中国诸神,与希腊、罗马、巴比伦等文明中的诸神一样,数量众多;他们的确可谓不计其数。中国诸神与古典古代的众神相像,却与后来犹太–基督教西方的一神教体系不同,中国诸神可以是男神或女神。每个神,都像古代西方人的诸神那样,活动在很多领域之中。譬如,丛书中文版的读者所理解的赫耳墨斯,可能就像中国的牛头(Ox-head)和马面(Horse-Face),他是护送刚死的人到哈德斯神领地的神;作为下界的统治者,哈德斯——丛书未来规划中一本书的主题——堪比中国神话中的阎王(Yanwang);赫拉作为天界至高无上的女性统治者,其地位可以联系天后斗姆(Doumu)来理解。万神殿中的诸神,也是人类的祖宗。希腊神宙斯,尤其可以当"诸神和人类的父亲"来设想。其他诸神——如赫拉克勒斯(Herakles / Ἡρακλῆς),这位声名卓著的神——也可能从前就是人类。

我很荣幸能介绍给大家一系列古代形象——女性的、男性的、跨性别的、善良的、恐怖的——这些形象无一例外耐人寻味,扎根于崇拜他们、讲述他们故事的人民的文化中。

丛书中的每一本书，开篇都首先提出值得以一本书篇幅来研究这个对象的原因。这个"为什么"章节之后的部分是全书的核心，探究古代刻画和崇拜这个对象的"关键主题"。丛书最后一章总结每个研究对象在后古典时代的"效应"（afterlife），有时候篇幅相对较短，如在《伊诗塔》（*Ishtar*）中；有时候则篇幅较长，尤其在《赫拉克勒斯》中，这是因为古代以降对研究对象的描述十分宽广。每本书带有注解的"参考文献"，为读者指引深入研究的学术领域。

一言以蔽之，欢迎中国读者阅读"古代世界的诸神与英雄"丛书——欢迎你们来到一个由著作构成的万神殿，这些著作的主题是非凡而又多面的存在者，每位作者所要表现的就是他们的独特之处。此外，每位作者又都是其主题研究领域的专家，正如凯瑟琳所梦想的那样。

苏珊·迪西（Susan Deacy）
于伦敦
2023 年 1 月
（黄瑞成 译）

献给弗朗西斯、海蒂和阿莱娜

她们都是这位女神的化身

目 录

丛书前言：为何要研究诸神与英雄？　　　　　　　　　　005
致谢　　　　　　　　　　　　　　　　　　　　　　　　011
插图目录　　　　　　　　　　　　　　　　　　　　　　013

为什么是阿芙洛狄忒？　　　　　　　　　　　　　　　　001

一、介绍阿芙洛狄忒　　　　　　　　　　　　　　　003
谁是阿芙洛狄忒？　　　　　　　　　　　　　　　　003
阿芙洛狄忒的露面　　　　　　　　　　　　　　　　006
研究阿芙洛狄忒的证据　　　　　　　　　　　　　　008
小结　　　　　　　　　　　　　　　　　　　　　　009

关键主题　　　　　　　　　　　　　　　　　　　　　　013

二、诞生，起源，名字　　　　　　　　　　　　　015
诞生　　　　　　　　　　　　　　　　　　　　　　015
阉割乌拉诺斯　　　　　　　　　　　　　　　　017
宙斯和狄奥涅的女儿　　　　　　　　　　　　　020

起源	*027*
近东的阿芙洛狄忒	*029*
塞浦路斯的阿芙洛狄忒	*032*
印欧的阿芙洛狄忒	*037*
名字	*040*
库浦里斯与库特瑞娅	*043*
乌拉尼亚	*045*
小结	*047*

三、爱,性,战争   *048*

爱与性	*049*
混合	*052*
佩托与潘德摩斯	*057*
斐洛美德斯	*063*
卖淫	*067*
爱若斯和希墨洛斯	*072*
战争	*083*
小结	*088*

四、美丽,装饰,裸体   *089*

美丽	*089*
装饰	*095*
花环和镜子	*104*
具有黄金特质的	*115*

随从	121
裸体	126
克尼迪亚	129
小结	133

五、与凡人亲密　　134

亲密	134
潘多拉	135
帕里斯和海伦	141
安喀塞斯和埃涅阿斯	152
阿多尼斯	164
惩罚	169
希波吕托斯	171
小结	178

六、海洋和天空　　179

阿诺多斯	180
海洋和航行	184
天空	197
山脉	202
鸟	207
小结	214

阿芙洛狄忒效应 *215*

七、古希腊之后 *217*
阿芙洛狄忒和维纳斯 *217*
今天的阿芙洛狄忒 *224*
电影和电视 *233*
小结 *245*

拓展阅读 *247*
索引 *259*

附录：古代世界的诸神与英雄译名表 *281*
跋"古代世界的诸神与英雄" *296*

丛书前言:为何要研究诸神与英雄?

正当的做法,

对于开启任何严肃谈话和任务的人而言,

就是以诸神为起点。

——德摩斯泰尼《书简》(Demosthenes, *Epistula* 1.1)

古典古代的诸神和英雄是我们文化的构成部分。他们大多数成为诗人、小说家、艺术家、作曲家和电影人创作的灵感源泉。希腊悲剧的持久魅力保证了人们对其主人公的遭遇和苦难的熟稔经久不衰,而英国最新的一所大学林肯大学(University of Lincoln)选择密涅瓦(Minerva)作为校徽标志,表明了古代诸神持久的象征潜能。甚至管理界也用诸神作为不同风格的代表:譬如,宙斯(Zeus)与"俱乐部型"文化(the "club" culture),阿波罗(Apollo)与"角色型"文化(the "role" culture)(参见汉迪[C. Handy]《管理中的诸神:他们是谁,他们如何发挥作用,他们为什么失败》[*The Gods of Management: Who they are, how they work and why they fail*, London, 1978〕)。

这套丛书的关注点在于：这些神的形象如何又为何能持久引人入胜和令人神往。还有另一个目的，那就是探究这些形象的奇特之处。熟稔诸神和英雄也有风险，会模糊其现代意义与古代功能和目的之重大区分。除了某些例外，如今人们不再崇拜他们，但对于希腊人和罗马人而言，他们真实存在，处在一个简直是包括成百上千种神力的体制之中。他们的范围从主神到英雄再到精灵和仙女这样的形象，每位主神都按照其尊号或"绰号"制作的装束受到崇拜，英雄则是与本地社群关联在一起的已故个体。景观中点缀着圣殿，山川树木被认为有神明居于其间。研究古代异教，涉及找到策略，以理解一个万物——用泰勒斯（Thales）的话说——"充满了诸神"的世界。

为了把握这个世界，有必要将我们关于神圣之物的先入之见放在一边，后者主要由基督教关于一位超验全能、道德善好的上帝的观念所塑造。希腊人和罗马人的崇拜对象数不胜数、有男有女，他们的外貌、行为和遭遇与人类无异，只是作为不死者不受人类处境束缚。他们远非全能，各自能力有限：连至高无上的宙斯／朱庇特（Jupiter），也要与兄弟波塞冬／尼普顿（Poseidon/Neptune）（海）和哈德斯／普路托（Hades/Pluto）

（下界）分治世界。由于缺乏某种信条或有组织的教会，古代异教向不断重新解释保持开放，所以，我们不应期待会发现这些形象具有统一本质。通常着手解说众神（the pantheon）的做法是列举主神及其功能（赫菲斯托斯/福尔肯［Hephaistos/Vulcan］：手工艺，阿芙洛狄忒/维纳斯［Aphrodite/Venus］：爱，阿耳忒弥斯/狄安娜［Artemis/Diana］：狩猎，如此等等），但很少有神的功能如此单一。譬如阿芙洛狄忒，她远不只是爱神，尽管此项功能至为关键。她的绰号还包括 hetaira（"交际花"）和 porne（"娼妓"），也可以证实她的身份变化多端，她既是公民全体的保护神（pandemos："保护公民全体"），也是航海业的保护神（Euploia［欧普劳娅］，Pontia［庞提娅］，Limenia［丽美尼娅］）①。

　　正是有鉴于这种多样性，本丛书各卷不包括每个神或英雄的传记（虽然曾有此打算），而是由探究其在古代异教世界综合体中的多重面相构成。如此规划进路，部分是为了回应以往研究的两种截然不同的模式。直到 20 世纪中期，学术界大多采用研究诸神和英雄个体的方式。很多著作提出了对每一形象的起源、神话和崇拜等问题的详尽评价：包括法奈尔（L.R.

---

① Euploia 在希腊语中意为"安全航海女神"，Pontia 在希腊语中意为"海中女神"，Limenia 在希腊语中意为"海港女神"。——译注

Farnell）在其《希腊城邦的崇拜》（*Cults of the Greek States*, five volumes, Oxford, 1896—1909）中对主神的考察，还有库克（A.B. Cook）的三卷本巨著《宙斯》（*Zeus*, Cambridge, 1914—1940）。其他人运用理论方面的成就来研究诸神和英雄，值得一提（并且已有书目最接近一个统一的丛书）的是克雷尼（K. Kerényi）按荣格式（Jungian）的原型来研究诸神，包括《普罗米修斯：人类实存的原像》（*Prometheus: Archetypal image of human existence*, English tr. London, 1963）和《狄奥尼索斯：不可毁灭的生命的原像》（*Dionysos: Archetypal image of the indestructable life*, English tr. London, 1976）。

与之相对，受法国结构主义影响，20世纪晚期，出现了由专门研究诸神和英雄，向探究其作为部分的体制的谨慎转变。确信研究单独的神不可能公正对待古代宗教的动态原理，受此刺激，众神开始被作为一个合乎逻辑的相互关联的网络来描绘，各种神力在其中以系统方式彼此对立。譬如，在韦尔南（J.-P. Vernant）的经典研究中，希腊的空间概念通过赫斯提亚（Hestia，灶神——固定空间）与赫耳墨斯（Hermes，信使和旅者之神——移动空间）的对立而神圣化：韦尔南《希腊人的神话与思想》（*Myth and Thought Among the Greeks*, London, 1983, 127—175）。但是，诸神作为分离的实体并未遭忽视，堪为范例的有韦尔南的著作，还有他的同事德蒂安（M. Detienne）专研诸神阿耳忒弥斯、狄奥尼索斯和阿波罗的著作：参见他最新的著作《阿波罗，手中的刀：研究希腊多神教的实验进路》（*Apollon, le couteau en main: une approche expérimentale du polythéisme grec*, Paris, 1998）。

某种意义上，本丛书在寻求一个中间地带。虽然进路是以唯一（尽管具有多样性）个体为主题，却关注他们的神力在宗教的集体性中的重要性。"古代世界的诸神与英雄"丛书，为古典古代很多重要的宗教事务投下了新的亮光，也为21世纪理解希腊和罗马多神教提供了进路。

本丛书意在引起普通读者的兴趣，也意在符合广泛学科领域的大学生之所需：从希腊和罗马宗教、古典文学和人类学，到文艺复兴文学和文化研究。每卷书分三大部分，对其研究的主题对象作出权威性的、易于理解和令人耳目一新的解说。"导言"提出关于这个神或英雄要研究什么，值得特别关注。接着是核心部分，介绍"关键主题"和观念，包括（角度不同的）起源、神话、崇拜和文学与艺术中的表现。考虑到神话遗产是其具有持久魅力的关键要素，古代以来对每个形象的接受，构成每卷书第三部分的主题。丛书各卷都包括关于某个神或英雄的插图、时序图、家谱和地图。一个带有注释的"参考文献"，综合了以往的研究成果，有助于更进一步研读。

为方便起见，丛书名称采用阳性术语"诸神"（gods）与"英雄"（heroes），尽管要为使用男权语言而表示歉意，但如此选择一定程度上也反映了古代的用法：希腊词 theos（神）也用于女神。为方便和一致，古代专名采用希腊语拼写，著名的拉丁语拼写例外，纪元采用 bc/ad 而非 bce/ce。

感谢鲍斯菲尔德（Catherine Bousfield），她担任编辑助理直到 2004 年，她（一字一句）设计丛书，一丝不苟积极主动，直至丛书接近出版。她的继任吉朋斯（Matthew Gibbons）工作努力高效，监督了丛书的出版进程，劳特里奇出版社的前古典学出版人斯通曼（Richard Stoneman），始终提供支持和专家意见。每一项提议的匿名读者，都提出了坦率而又富有助益的建议，作者们有前沿学术水准保证，就其设定的主题作出了易于理解的解说，这使得与其一道工作成为一桩乐事。

苏珊·迪西（Susan Deacy）

罗汉普顿大学（Roehampton University）

2005 年 6 月

（黄瑞成译）

致　谢

非常感谢纽约城市画馆（The Picture Desk in New York City）的洛霍夫斯基（Peter Rohowsky），他为获允使用本书中出现的插图给予了极为专业的协助。感谢新墨西哥大学教授冈萨雷斯（Dean Felipe Gonzales）主任和袖珍维纳斯制作公司（Pocket Venus Productions）为购买许可费提供资金支持。

非常感谢丛书主编迪西（Susan Deacy）在这次冒险开始时给予我的鼓励；感谢劳特里奇出版社吉本斯（Matthew Gibbons）的耐心和支持；感谢劳特里奇出版社珀斯格罗夫（Lalle Pursglove）在整部书籍制作过程中的帮助。

衷心感谢史密斯（Amy C. Smith）和皮卡普（Sadie Pickup），他们于2008年5月在雷丁大学组织了一场名为"揭秘阿芙洛狄忒"的特别会议；感谢来自世界各地的杰出学者、演讲者和参与者，是他们为本书目前的努力提供了如此多的想法和见解，尤其是安德森（Graham Anderson）、布罗迪（Lisa Brody）、杰克逊（Kassandra Jackson）、柯南（verve Lev Kenaan）、凯利（Thomas Kiely）、康多莱昂（Christine

Kondoleon）、库塞尔（Rachel Kousser）、蒙泰尔（Sophie Montel）、帕拉（Elisabetta Pala）、帕帕佐普洛卢（Chryssanthi Papadopoulou）、皮雷尔-德雷尔热（Vinciane Pirenne-Delforge）、皮隆蒂（Gabriella Pironti）、普朗（Mary Plant）和乌尔布里希（Anja Ulbrich）。感谢你们所有人，带给我这么激动又有启发性的经历。

非常感谢我的朋友兼助手布丁（Stephanie Budin）女士，感谢她对这个项目各方面慷慨而又专业的学术建议，在成稿的每个阶段，她都作了细致评价，每当我需要提升信心时，她都会亲切地鼓励我。

还要对我的同事小加西亚（Lorenzo F. Garcia Jr.）表达最深的谢意，感谢他仔细阅读了我正在写的手稿，并提出了富有洞见的评论；感谢我的朋友兼导师索洛蒙（Jon Solomon），感谢他在所有涉及电影和塞浦路斯方面给予我的出色指导。本书遗留的任何想法、判断或表达上的不恰切之处，仍由我自负全责。

也感谢我古典学系的学生，尤其是伍德尔（Keith Alexander Woodell）、巴纳德（Scott Barnard）、塞忒尔（Trigg Settle）、杨戈（Carl Young）和麦吉尔（Caley McGuill），他们在我做这个项目时给予我源源不断的灵感和支持。

最后，我要衷心感谢我的丈夫，他是唯一一个知道，成功是需要付出什么代价的人。

插图目录

图 1.1：阿尔勒的阿芙洛狄忒，普拉克西特利斯原作的罗马复制品（页 4）

图 2.1：《维纳斯的诞生》，桑德罗·波提切利（页 12）

图 4.1：照镜子的阿芙洛狄忒，红绘花瓶（页 62）

图 4.2：罗德岛的阿芙洛狄忒，希腊化时代的大理石雕像（页 68）

图 4.3：克尼多斯的阿芙洛狄忒，普拉克西特利斯原作的罗马复制品（页 74）

图 6.1：阿芙洛狄忒的诞生，路德维希王座上的浮雕（页 107）

图 6.2：贝壳中的阿芙洛狄忒，小型陶俑（页 115）

图 6.3：阿芙洛狄忒骑着天鹅或家鹅，白底基里克斯陶杯（页 124）

图 7.1：《诸神之战》中的阿芙洛狄忒（乌尔苏拉·安德莱斯饰演）（页 139）

图 7.2：《诺博士》中的莱德（乌尔苏拉·安德莱斯饰演）（页 140）

为什么是阿芙洛狄忒?

Why
Aphrodite?

一、介绍阿芙洛狄忒

谁是阿芙洛狄忒?

阿芙洛狄忒是古希腊的爱神和美神。她的许多名字、特质和传说皆为希腊人所熟知。她名为 aphrogenēs/ἀφρογενής，意为"泡沫中诞生的"女神，诞生于第一代天神乌拉诺斯（Ouranos/Οὐρανός）被阉割的生殖器周围的海水泡沫中。她是 Dios thugatēr/Διὸς θυγάτηρ，意为"宙斯的女儿"，是奥林波斯（Olympian）天神与海神狄奥涅（Dione/Διώνη）结合的后代。阿芙洛狄忒的文化遗产揭示了近东（Near Eastern）、印欧（Indo-European）及塞浦路斯（Cypriot）风貌。她被尊称为库浦里斯女神（Cypris/Κύπρις）、帕佩娅女神（Paphia/Πάφια）、库特瑞娅女神（Cythereia/Κυθέρεια）和乌拉尼亚女神（Ourania/Οὐρανία）。爱和性属于她，ta aphrodisia/τα ἀφροδισία［性欲炽盛］在字面上指"阿芙洛狄忒的所属物"。她是 mixis/μίξις［混合女神］，是个人身体在性方面、间或在军事方面的"交合"（mingling）。她是 peithō/πειθώ（意为"说服"）、eros/ἔρως（意为"爱欲"）以及 himeros/ἵμερος（意为"欲望"）的神圣来源。阿芙洛狄忒被尊称为 Pandēmos/Πανδήμος［潘德摩斯］，意指"她属于所有人"，而诗人将她描述为 Philommeidēs/Φιλομμειδής［斐洛美德斯］，意指"爱微笑"。她尤其受到妓女和水手的尊崇。阿芙洛狄忒是 kosmēsi/Κοσμήσι，意为"装饰女神"，她本质上属 chruseē/χρυσή，意为"金"。她有包括珠宝、花环、香水和镜子的属性。美惠三女神（Graces/Χάριτες）和时序三女神（Hours/Ὧραι）组成阿芙洛狄忒主要的不朽随从。凡人中，阿芙洛狄忒偏爱特洛亚人（Trojan），尤其是她的情人安喀塞斯（Anchises/Ἀγχίσης）和她的儿子埃涅阿斯（Aeneas/Αἰνείας），以及名人夫妻海伦（Helen/Ἑλένη）和帕里斯（Paris/Πάρις）。然而，当遭到蔑视时，阿芙洛狄忒也会变得凶猛，就像她对待希波吕托斯（Hippolytus/Ἱππόλυτος）那样。阿芙洛狄忒是 Anadyomenē/Ἀναδυομένη，意指她是"从海中崛起的"女神，她从水中 anodos/ἄνοδος［崛起］与其海洋崇拜头衔有关：庞提娅（Pontia/Ποντία）和佩拉吉娅（Pelagia/Πελαγία）意指"她关涉海洋"，欧普劳娅（Euploia/Εὔπλοια）意指"她关涉顺利航行"，以及丽美尼娅（Limenia/Λιμενία）意指"她关涉海港"。

阿芙洛狄忒在港口、城镇和山顶受到人们的崇拜。海扇贝、天鹅、家鹅、麻雀和白鸽皆为她的圣物。阿芙洛狄忒的影响遍及天空、陆地和海洋的混合区域。她卓绝的力量至今仍在世上盛行。

图 1.1：阿尔勒的阿芙洛狄忒，普拉克西特利斯原作的罗马复制品（Aphrodite of Arles, Roman copy after Praxiteles, *ca.* 350 BC, The Art Archive/Musée du Louvre Paris/Gianni Dagli Orti）

阿芙洛狄忒的露面

对古希腊人而言，阿芙洛狄忒意味着什么？她与什么概念联系在一起？崇拜她意味着什么？对古代世界中说希腊语的人而言，阿芙洛狄忒是一位拥有巨大权威和广泛意义的女神。阿芙洛狄忒是希腊古代备受崇拜的神祇之一，她在地中海各地许多不同的宗教崇拜中都受到尊崇。阿芙洛狄忒还以多种重要方式在古希腊人的日常生活中露面：他们如何处理自己的爱欲关系；他们如何努力提升自己的外表；以及他们如何在环绕四周的海洋上航行。阿芙洛狄忒在整个古代文明世界中享有广泛的地理影响力，从东部的塞浦路斯岛到西部的西西里岛，她在如雅典（Athens）、瑙克拉提斯（Naukratis）和叙拉古（Syracuse）等大城市的港口尤其受到人们尊崇。她是一位不惧踏入战场的爱神；第一位全裸现身不施装饰的女神；一位从海中诞生，在天空中露面的女神：阿芙洛狄忒是一位多面神，在天性和意义上具有多面性，而这种多面性从不令她分裂。

以下几点出自古代文献，是理解希腊人看待阿芙洛狄忒的三个最重要的观点。这些看法将在后续章节中反复出现，这些章节将研究关于阿芙洛狄忒的神话、形象和论述。

（一）Anodos/Ἄνοδος 或"崛起"。阿芙洛狄忒是从海中露面进入天空的女神，她以不朽的美貌和光辉展现了她的神性，即使在狡猾的伪装下，她的神性亦显而易见。阿芙洛狄忒神显的方式，特别是她惊艳毕露的外表，是其意义和力量的核心。她是 Anadyomenē/Ἀναδυομένη［海中崛起者］，源自希腊语动词 anaduomai/ἀναδύομαι，意为"崛起"。因此，她是在我们惊异的目光中崛起的女神。

（二）Kosmēsi/Κοσμήσι 或"装饰"。阿芙洛狄忒惊艳的外表和诱人的身材，是理解她不朽的职能和意义的基础。在古希腊资料中，女神的神显，连同她的黄金珠宝、华丽服饰、植物花环、香水及熏香的香气，都有复杂而精细的描述。这样的身体装饰增强了阿芙洛狄忒在爱欲吸引及诱惑领域的支配地位。

（三）Mixis/Μίξις 或"混合"。阿芙洛狄忒是混合女神，在亲密的身体接触中混合，包括性和军事。作为混合的化身，阿芙洛狄忒也代表了海洋、陆地与天空的结合，因为她表达了自己在这些元素交织中调解的能力。在这些领域接触混合的地方，在它们之间界限模糊的地方，就是你能找到阿芙洛狄忒的地方。

6 研究阿芙洛狄忒的证据

我们如何入手考察阿芙洛狄忒的天性呢?在古希腊神话、文学来源、艺术表现、宗教和节日中,我们能找到什么证据?虽然阿芙洛狄忒在古代的确是虔诚的宗教崇拜对象,但我们对她的看法受她在神话、文学和艺术中形象表现的影响。阿芙洛狄忒的形象源自古希腊艺术家和作家的想象,她作为女神的多重身份,在各种文学和艺术流派的无数神话和画像中表现得淋漓尽致。事实上,古希腊诗人和艺术家很可能在创作阿芙洛狄忒时,结合了神话和崇拜中的各个方面。

当我们探究有关阿芙洛狄忒的描述、活动及意义时,我们将查阅追溯到公元前 6 世纪、前 7 世纪乃至前 8 世纪最早的希腊文学资源。这主要包括荷马史诗《伊利亚特》(*Iliad*)和《奥德修纪》(*Odyssey*);《荷马颂诗》(*Homeric Hymns*),尤其是第 5 及第 6 首颂诗,专为阿芙洛狄忒创作;已佚史诗《塞浦路亚》(*Cypria*)的总结,这是一部早期史诗集成之作;赫西俄德(Hesiod)的神话著作,特别是《神谱》(*Theogony*);还有古代抒情诗人的情诗,比如萨福(Sappho)、明奈穆斯(Mimnermus)和伊比库斯(Ibycus)。此外,我们将考察阿芙洛狄忒在公元前 5 世纪一些作品中的表现，特别是雅典剧作家欧里庇得斯（Euripides）的悲剧《希波吕托斯》（*Hippolytus*，公元前 428 年创作）；以及希腊历史学家希罗多德（Herodotus，约公元前 484—前 425 年）撰述的《历史》（*The Histories*）。在希腊化时代的文学文本中，我们将考察阿芙洛狄忒在史诗《阿耳戈英雄纪》（*Argonautica*，公元前 3 世纪）的露面，还将考察公元前 3 世纪及以后，希腊化时代的诗人的几首短诗和其他诗句。然而，我们查阅古代晚期的资料，比如鲍萨尼阿斯（Pausanias，公元 2 世纪）的游记，源于这些后世作家阐明了早期文本中所描述的阿芙洛狄忒形象的某些方面。在探寻阿芙洛狄忒的艺术表现时，我们还将考察对女神不同尺寸的刻画，从公元前 5 世纪的花瓶画和小型陶俑，再到希腊化后期真人大小的大理石雕像，贯穿了整个希腊古代。尽管没有一个文本或图像能够涵盖阿芙洛狄忒整体的多面性，但每份资料都将提供关于古希腊人如何看待她的神话、意义和职能的重要信息。

小结

在接下来的章节中，我们将研究几个关键主题，以之例证并定义阿芙洛狄忒的形象。首先，我们将考察阿芙洛狄忒的起源，既研究关于她诞生的古代神话故事，也关注关于她在地理和文化渊源方面的现代学术理论。接下来，我们将探讨阿芙洛狄忒作为混合女神的意义，她的神圣权威渗透在爱、性和战争相关领域。下一章我们将细究，阿芙洛狄忒在为爱欲诱惑美化的过程中产生的积极影响，因为我们也看到，女神的外形描述既有盛装打扮的一面，也有裸体的一面。紧接着，我们将考察阿芙洛狄忒与不同凡人之间的关系，强调每一次互动如何代表她的神性的一些重要方面。随后，我们将思考阿芙洛狄忒的本性，她是一位从海中升入天空的女神，并由此享有两个领域的属性。最后，我们将深思，阿芙洛狄忒作为爱和美的象征，在当代流行文化中的持久力量。

欧里庇得斯的戏剧《阿尔克提斯》（Alcestis，创作于公元前438年），探讨了夫妻之爱中固有的复杂冲动。在这部戏剧中，希腊英雄赫拉克勒斯（Herakles/Ἡρακλῆς）让悲痛的主人阿德墨托斯（Admetus）和他刚刚过世的妻子阿尔克提斯团聚，拯救了这一天。当戏剧过半，英雄第一次在舞台登场时——他醉醺醺的，吵闹着，有点笨拙，但的确有雅量——他并不十分清楚当天事情中模棱两可的危险之处；尽管如此，他还是向东道主家中面目铁青的仆人们，发表了振奋人心的"**及时行乐**"（carpe diem）的演讲。赫拉克勒斯命令他们不要再为难以捉摸的死亡担忧，命令他们崇拜唯一的神，因为她能使他们短暂而不可预测的生命快活到现在。

> 好好享受吧!你今天过的生活属于你自己,
> 其余的一切皆归于命运。
> 敬重至今仍对凡人最甜蜜的神:
> 拥有崇高声誉且亲切热诚的阿芙洛狄忒。
> 至于其余的,就忘掉吧!
> 听我说,如果你觉得有道理的话。

(《阿尔克提斯》788—793,斯沃利恩[Svarlien]译,2007)

关键主题

Key
Themes

二、诞生，起源，名字

在这一章，我们将从希腊神话中阿芙洛狄忒神圣形象的诞生问题开始，探讨阿芙洛狄忒的起源。首先，我们将探讨在她诞生的最早文学记述中独特的神话变体，并深入研究这些起源传说如何反映她多重神性的本质面貌。接下来，我们将考察阿芙洛狄忒可能的地理、年代、种族和文化起源，同时我们承认，在试图确定这位世界性女神的单一来源或衍生来源时，我们将要面对争议和挑战。最后，我们将讨论女神一些最通俗的名字和重要的绰号，研究它们与她的神话、希腊文学中的形象和宗教起源的可能联系。

诞生

在希腊神话中，阿芙洛狄忒最早的诞生故事阐明了她的多面本质，描述了她在古希腊神话、文学和崇拜中不断演变的诸多特征。这些原始希腊文学神话描绘了阿芙洛狄忒有两种不同的祖先谱系，且都清楚表明，古希腊人把阿芙洛狄忒与天空和海洋联系在一起。在其中一个早期描述中，阿芙洛狄忒被证明直接诞生于乌拉诺斯的残肢中，乌拉诺斯乃原始希腊天神，是天空最原始的形象化身。当他切断的生殖器被扔进海洋时,阿芙洛狄忒由海水泡沫孕生,升入明亮的空气,连接了水天两域。在另一版本中,阿芙洛狄忒被描绘成奥林波斯天神及众神与凡人之王宙斯(Zeus/Ζεύs),与其配偶狄奥涅女神的女儿。尽管这些文学神话在叙事轮廓和情景细节上有所不同,但这两个故事显然都暗示着,阿芙洛狄忒与天空和海洋的自然本原密切相

图 2.1:《维纳斯的诞生》,桑德罗·波提切利(*The Birth of Venus*, detail, Sandro Botticelli, *ca.* 1485, The Art Archive/Galleria degli Uffizi Florence/Alfredo Dagli Orti)

关,体现在她与天上的男性理想关系密切,并且是神圣力量最顶峰的显著存在。

阉割乌拉诺斯

关于阿芙洛狄忒的诞生和血统的最早文学记载之一,出现在赫西俄德《神谱》中,这是一部关于希腊诸神起源和神圣秩序起源的神话长诗,创作于公元前8或前7世纪的某一时期。

在赫西俄德的叙事诗(《神谱》188—206)中,阿芙洛狄忒的诞生,发生在原始天神乌拉诺斯被他最年轻的提坦儿子、狡猾的克罗诺斯残忍阉割之后。根据赫西俄德的说法,克罗诺斯(Cronos/Κρόνος)为获得世界最高统治而实施这种子女的残暴行为之后,将割下的父亲生殖器扔进海里,在那里,神圣精液和海水泡沫混合在一起,形成了 leukos aphros/λεῦκος ἀφρός,意为"白沫"(190—191),女神阿芙洛狄忒就从这种祥瑞的混合中诞生了。

> 刚用利刃割掉的生殖器,被抛出大陆,
> 掉进了波涛汹涌的茫茫海洋中,
> 在那里漂了很长一段时间。
> 一个白色泡沫聚集在神体周围,

在泡沫中诞生出一位少女。

她第一次接近陆地是在神圣的库特拉岛(Kythera)附近,

并从这里漂到塞浦路斯岛(Kypros)。

端庄美丽的女神从那里上岸了,

在她纤细的脚下,嫩草萌发。

神人皆称其为

阿芙洛狄忒,

因她是在白沫中得到的滋养。

又因她途经库特拉,故被称为库特瑞娅女神,

又因她在塞浦路斯的海浪沿岸中诞生,

也被称为库浦洛格涅斯(Kyprogenes),

还因她从斐洛美德斯中显出神性,

又被称为"爱生殖器者"。

当她一诞生,又在众神面前初次登场时,

爱若斯与她为伴,迷狂的欲望(希墨洛斯)侍候着她。

从那一刻起,在诸神与凡人之间,她已完成光荣的使命,

包括少女的甜言蜜语,情人的微笑和欺骗,以及性的所有美好愉悦。

(《神谱》188—206,隆巴多[Lombardo]译,1993)

赫西俄德的精妙叙述，强调了希腊神话中阿芙洛狄忒神性本质的几个内在关键因素。首先，女神诞生于乌拉诺斯被阉割的生殖器是一则引人注目的寓言，其中暗示古希腊诗人如何看待人类性行为的对抗本质，此故事象征着女神与希腊爱欲体验观念中固有的暴力、强度和攻击性的亲密关系。赫西俄德的诞生故事，也生动强调了阿芙洛狄忒直接起源于这个创世故事中的最高神——天神乌拉诺斯。同时，这则故事展示了她与前述基础演代神话（foundational Succession myth）中所示的神力转移密切相关的联系。因此，赫西俄德的阿芙洛狄忒，被视为原始希腊神祇最早的梯队的一份子。与古希腊人相信阿芙洛狄忒与水生（aquatic）有关的观念一致的是，女神与海洋领域的深厚联系，从她最初从泡沫翻滚的海浪中出现到明亮的空气中就可以看出。此外，在这一诞生叙事中有大量的诗歌成分，营造了一种真正的希腊宗教颂诗的氛围。例如，赫西俄德提到，阿芙洛狄忒最喜欢的崇拜地点，位于库特拉岛（Cythera）和塞浦路斯岛（192—193）；他引用并描述了她的传统崇拜绰号的起源，库特瑞娅（198）、Cyprogenēs/Κυπρογενής[库浦洛格涅斯]（199）和斐洛美德斯（200）；他也列举了一些她的神伴，包括性欲（lust）化身的爱若斯（Eros/Ἔρως），欲望（desire）化身的希墨洛斯（Himeros/Ἵμερος）（201）；最后，他通过讲述阿芙洛狄忒在海中诞生的故事，巧妙地阐释了阿芙洛狄忒名字的民间词源——阿芙洛狄忒是从 aphros/ἀφρός "海洋泡沫"（195—198）中诞生的女神。在赫西俄德的创世故事中，原始女神阿芙洛狄忒展现出她是一切她所触碰事物的荣耀的女主人，她将优雅、美丽与和谐的神力投射到一系列广泛的场景中：从平静海洋的抚慰，到她脚下生发的柔软青草，再到恋人们遍地诉说的低语调情和甜言蜜语。

宙斯和狄奥涅的女儿

在公元前 8 或前 7 世纪创作的荷马史诗《伊利亚特》和《奥德修纪》中，提供了关于阿芙洛狄忒出身起源的另一种早期文学解释。在荷马的叙述中，阿芙洛狄忒有几次被称为 Dios thugatēr/Διὸς θυγάτηρ，即宙斯的女儿。宙斯是伟大的奥林波斯天神，众神与凡人之王，而她的母亲曾被引述为是狄奥涅女神（在阿波罗多洛斯《书库》1.3.1 中也有提到）。尽管狄奥涅的身份有很多不确定之处，但从词源上看，她的名字似乎是阴性形式，与宙斯名字的间接形式同源（Dios, Dion 等），这可能表明在这两个形象之间有共同的神话祖先，甚至可以说是天作之合。在希腊西北部的多多那（Dodona），狄奥涅和宙斯一起受到崇拜，所以从语言学角度来看，狄奥涅可能的确是一位天空女神。然而,赫西俄德在他的叙事诗中告诉我们,狄奥涅是一位大海女神,确切说,是一位大洋女神,是提坦神奥刻阿诺斯(Oceanos/Ωκεανός)和泰堤斯(Tethys/Tηθύς)的女儿之一(《神谱》353):因此,最早的希腊文学记载将狄奥涅安置在更古老的希腊诸神之中,并将她与深海的原始诸神联系起来。通过她的荷马"父母",阿芙洛狄忒再次与海洋和天空联系在一起。在荷马史诗(《伊利亚特》第5卷)中,狄奥涅扮演了一个重要角色,她提供了母爱来安抚她的"女儿"阿芙洛狄忒。因此,阿芙洛狄忒作为后一代女神,牢牢地安坐在奥林波斯家族的等级秩序中。

在《伊利亚特》的军事环境中,阿芙洛狄忒有两个主要表现。在这两个场景中,女神都企图将她爱的凡人从战场上的危险中拯救出来,隐藏在自己的怀抱中。史诗在这两个场景中都把她称为"宙斯的女儿"。在《伊利亚特》第3卷中,阿芙洛狄忒介入了 monomachia/μονομαχία,即两个男人为争夺海伦展开的肉搏战。海伦是女神所钟爱的美丽的凡人王后;帕里斯是特洛亚王子,阿芙洛狄忒的最爱和海伦的情人;墨涅拉奥斯(Menelaus/Μενέλαυς)是斯巴达国王,海伦的合法丈夫。在荷马的叙述中,墨涅拉奥斯将帕里斯击倒在地,拽着他的盔顶把他拖向另一边。这时,宙斯的女儿阿芙洛狄忒(3.374)冲了进来,解开了帕里斯的颔带,将他从斯巴达手里解救了出来。

阿芙洛狄忒，宙斯的女儿，

她洞察入微，使劲弄断那根牛皮颔带，

留下墨涅拉奥斯紧握着空头盔，

英雄像铁饼投掷者一样急转身，

将头盔扔到了希腊队伍中。

然后他又回头杀人去了。

而阿芙洛狄忒

用女神的诡计把帕里斯掳走，

把他笼罩在云团迷雾中，安放在

他那馥郁馨香的拱形卧房里。

（《伊利亚特》3.374—382，隆巴多［Lombardo］译，1997）

在第3卷的叙述中，此时，阿芙洛狄忒将帕里斯安全带回了他在特洛亚宫殿的卧房里，女神催促不情愿的海伦与他共眠。有趣的是，海伦与宙斯的直接父系关系也被提及两次（3.418, 426），因为一些学者认为，海伦是阿芙洛狄忒的斯巴达化身：至少海伦作为希腊神话中最受欢迎的凡人之一，拥有无可置疑的特权。在后世的文学资料中，《海伦》（*Helen*, 公元前412年）是雅典剧作家欧里庇得斯（约公元前480—前406年）创作的一部戏剧，剧中主人公用一种姐妹的语气称呼阿芙洛狄忒为"狄奥涅的女儿",korē Diōnēs/κόρη Διώνης(《海伦》1098)。

阿芙洛狄忒在《伊利亚特》中第二次出现是在第5卷的混战中。被称作 Dios thugatēr/Διὸς θυγάτηρ,"宙斯的女儿"(5.312)的女神,再次赶到战场去营救一个脆弱的人:这一次,是特洛亚战士埃涅阿斯,她和凡人安喀塞斯的儿子。在前进的希腊人的猛攻之下,埃涅阿斯受了伤——他的髋臼被希腊英雄狄奥墨德斯(Diomedes/Διομήδης)扔出的一块大石头砸得粉碎——这个特洛亚人倒在了地上。

> 埃涅阿斯的死期将至,
> 可是他的母亲,宙斯的女儿阿芙洛狄忒,
> 她曾为牧牛人安喀塞斯生下埃涅阿斯,
> 她已将这一切尽收眼底。
> 她伸出乳白色的手臂环抱着他,
> 把他裹在她光彩夺目的长袍里,
> 以免希腊人用长矛刺进他的胸膛。
>
> (《伊利亚特》5.311—317,隆巴多[Lombardo]译,1997)

但当阿芙洛狄忒带着她的儿子离开战场时,狄奥墨德斯用长矛刺入了她的手腕,刺穿了她的裙摆。狄奥墨德斯在这伤害之上

又加了一层侮辱,他残忍地奚落女神,再次称她为"宙斯的女儿"(5.348),因为她不好战,就威胁要对她造成更严重的伤害。

> "宙斯的女儿,赶快撤离战场吧!
> 难道你做的事还不够分散弱女子的注意力吗?
> 要是你继续干涉战争,你就会知道,
> 一旦提及战争,你就会吓得发抖。"
>
> (《伊利亚特》5.348—351,隆巴多[Lombardo]译,1997)

阿芙洛狄忒的手腕被刺破,血流不止,她尖叫着把埃涅阿斯放在地上,埃涅阿斯被阿波罗救了。痛苦的她在伊里斯(Iris/Ἶρις)的帮助下离开了战场,她们借用战神阿瑞斯(Ares/Ἄρης)的战车,飞回奥林波斯山。在那里,阿芙洛狄忒找到了狄奥涅,mētros heēs/μητρὸς ἑῆς,即"她的母亲",扑倒在她的膝下(5.370—371)。狄奥涅向阿芙洛狄忒表达了母亲的关怀和温柔,正如荷马告诉我们的那样,狄奥涅将女儿抱在怀里,用手抚摸她(5.373),称她为 philon tekos/φίλον τέκο,"我可怜的孩子"(5.373),以及 teknon emon/τέκνον ἐμόν,"我的孩子"(5.382)。后来,宙斯出现在现场,口头上确认了他与阿芙洛狄忒的亲代关系,称她为"我的孩子"(5.428),并提醒她,战争不是她的专长。

阿芙洛狄忒在《奥德修纪》第 8 卷吟游诗人得摩多科斯（Demodocus）的歌唱中也有令人难忘的出现，得摩多科斯曾在奥德修斯（Odysseus/Ὀδυσσεύς）拜访费阿刻斯人（Phaeacians）期间款待了他。在得摩多科斯的叙述中（8.266—369），阿芙洛狄忒被视为奥林波斯家族稳固的一分子，她被两次称为"宙斯的女儿"（8.308, 320），而这段生动的轶事也表明，她显然服从于父亲的控制。正如得摩多科斯所说，铁匠之神赫菲斯托斯（Hephaestus/Ἥφαιστος）发现他的妻子阿芙洛狄忒与英俊的战神阿瑞斯有染。于是铁匠之神设计了陷阱，用坚固的锁链诱捕这对情人。赫菲斯托斯召唤诸男神来见证他妻子的无耻行为，并将这个鄙视他的人命名为"阿芙洛狄忒，宙斯的女儿"（8.308）。当聚集在一起的男神们不断嘲笑和打趣出丑者之时，赫菲斯托斯要求阿芙洛狄忒的父亲宙斯归还他的聘礼。

"然而，他们会一直留在我的小罗网里
直到她父亲把我送给她的所有聘礼全部退还，
我为了这个无耻的女人把它们送给他，
不过他的女儿确实漂亮，但不安本分。"
（《奥德修纪》8.317—320，隆巴多［Lombardo］译，2000）

就像《伊利亚特》中的两段一样,《奥德修纪》中的情节也清楚表明,阿芙洛狄忒作为宙斯的女儿在奥林波斯家族中的地位。但是在《奥德修纪》这一段中,她在这场残酷的家族剧当中扮演的女神角色,使她作为子女的地位更加突出。她是一位神王的女儿,而由于她的通奸行为,其父不得不向女婿支付赔偿金。

荷马史诗中的三段诗文都将阿芙洛狄忒命名为"宙斯的女儿",突出了古希腊人想象中的女神神圣本质的关键要素。通过将阿芙洛狄忒与奥林波斯天神宙斯联系起来,她与天空的联系,与古希腊万神殿中神力的主要来源的联系,都得到了强调。通过把以天空命名的大洋女神狄奥涅塑造成阿芙洛狄忒的母亲,希腊史诗暗示了阿芙洛狄忒与海洋或天空的亲属关系,或者说二者兼而有之。此外,这些史诗片段也展示了阿芙洛狄忒与军事领域的亲密关系,她不仅介入拯救了她的凡人至爱(并非总是成功)使之脱离危险战场,还与战神阿瑞斯,她最喜欢的不朽情人幽会(并非完全没有麻烦)。我们将看到,战争概念在古希腊阿芙洛狄忒的形象中如何与她在爱与性的神圣维度紧密互动,并且在某种程度上同时跟女神与凡人的亲密关系混杂在一起。

起源

现在让我们转向阿芙洛狄忒作为古希腊神祇的"真正"起源问题,她是爱和性的象征,也是古希腊人的神圣崇拜。毫无疑问,希腊女神阿芙洛狄忒属于希腊万神殿中的神祇之一,在公元前8世纪末或前7世纪初的希腊神话传说中,她是一位全知全能的角色,荷马和赫西俄德的诗作描述了她神话般的诞生、父母身份和其他活动,这些诗中都有她引人注目的表现。然而,尚待廓清的是,阿芙洛狄忒是否在希腊土地上演变成希腊本土女神(如果是的话,是在何时)?或者她在公元前8世纪之前,也就是荷马和赫西俄德的作品创作之前,是否从说希腊语世界以外的地方移民到希腊?又或者在公元前8世纪之前的某个时期,是否由一个早期希腊本土的阿芙洛狄忒原型独自进化而来,后来遇到并受到一个或多个外来女神的各种外国特征的影响,之后这些神性元素交织混杂在一起,形成了古典希腊的阿芙洛狄忒?考虑到这样一个多面而复杂的女神本质,她的起源、传播和演变的可能场景是无穷无尽的。

就像希腊万神殿中许多其他的神一样,关于女神阿芙洛狄忒的具体地理区域、种族、年代和崇拜起源,学界一直存在争议，有时甚至争论得相当激烈（最近，学术争议综述：Budin 2003）。关于她的起源的争论已经持续了一百多年，而且似乎不太可能很快结束。事实上，在起源争论中，无论是站在"哪一方"，都可以肯定，女神阿芙洛狄忒诞生在非常广阔的地中海世界，这是一个多元文化、多种民族、多国语言激烈而活跃交流的国际环境，在这个环境中，思想、图像、文本、货物，甚至是宗教崇拜都可以迅速而轻松地跨越海陆边界进行交易。无论阿芙洛狄忒来自何处，何时被发现，她的崇拜又起源于何时何地，关于宗教崇拜传播的实际过程，以及随后提出或假设的任何宗教融合的棘手问题都必然会出现。那个阿芙洛狄忒（比如在早期，表面上更东方，更尚武）到底如何变成另一个阿芙洛狄忒（后期，可能更希腊化，或不那么好战，但仍然烈性十足）？对于这样一个复杂而又容易产生阻碍的问题，要想做到面面俱到或言简意赅地表述是很难的，更不用说回答了。因此，鉴于学者们必须提出的问题的复杂性以及我们寻求答案的最终难以捉摸性，关于阿芙洛狄忒起源的争论可能根本无法解决。让我们梳理一下关于阿芙洛狄忒可能的起源，以及她后来被引入希腊万神殿的三个基本理论中的其他选项。

近东的阿芙洛狄忒

现代许多学者遵循一种至少可以追溯到19世纪的学派,他们认为阿芙洛狄忒根本不是希腊血统,而是像希腊万神殿中的其他神祇一样,从近东被引入希腊的(最近,相关学术评论:Breitenberger 2007)。这些学者引用近东文化对希腊艺术、文学和神话的普遍影响,将之作为这一主要的"东方主义"假设的佐证。一般来说,这些影响主要发生在公元前8至前7世纪,随着黑暗时代晚期(公元前1100年—前800年)的繁荣发展到希腊古风时代。此外,这些学者注意到,在青铜时代晚期爱琴海文明(约公元前1300年—前1100年)的文献记载中,没有阿芙洛狄忒的名字或绰号的痕迹;具体地说,他们指出,她的名字未在迈锡尼的希腊线性文字B石板上出现,而在接下来的几个世纪,大多数希腊神祇的名字都受到了崇拜,如宙斯、赫拉(Hera/Ἥρα)、赫耳墨斯(Hermes/Ἑρμῆς)、阿耳忒弥斯(Artemis/Ἄρτεμις)和雅典娜(Athena/Ἀθηνᾶ)都出现在这些文献中。因此,这一学派认为,阿芙洛狄忒极有可能是在公元前8世纪之前,在近东和希腊世界的跨文化交流的动荡和过渡时期从亚洲进入,她可能经由爱琴海东部和南部岛屿,尤其是通过塞浦路斯岛到达(见下文)。近东理论的倡导者认为,来自古风时代和古典时代的希腊文本和实物文物表明，即使在公元前8或前7世纪被引入希腊万神殿之后，阿芙洛狄忒仍在她的神话、宗教崇拜、艺术肖像和文学形象中保留了一丝残留的"东方"特质。

一些古希腊文献的作者支持阿芙洛狄忒女神来自近东的理论，包括希腊历史学家希罗多德，他声称阿芙洛狄忒起源于腓尼基。希罗多德在《历史》中记述，女神最古老的圣所被称为"阿芙洛狄忒·乌拉尼亚"或"天空的"（1.105.2），位于腓尼基人的一个定居点——叙利亚的阿斯卡隆（Ascalon in Syria）。他补充说，这也是腓尼基人第一次把她的宗教崇拜带到塞浦路斯岛和库特拉岛。

> 这座神庙（位于阿斯卡隆），据我调查发现，是供奉这位女神的所有神庙中最古老的一座；因为塞浦路斯人自己承认，他们是在这之后建立的；而在库特拉岛的那一座，由与叙利亚同一地区的腓尼基人建造。
>
> （《历史》1.105.2—3，卡里［Cary］译，1992）

但是，"东方主义"假说的核心，是基于希腊的阿芙洛狄忒与近东的爱与性女神在其崇拜、文学和艺术表现上感知到的相似性和共联性。许多现代学者认为,阿芙洛狄忒本质上只是希腊化的伊诗塔(Ishtar)或伊南娜(Inanna)。伊诗塔或伊南娜都是颇具影响力的近东爱神形象,学者们认为,在被希腊人接纳为他们自己的爱神阿芙洛狄忒之前,她曾从东方游历到了西方。为了证明他们的观点,这些学者列举了阿芙洛狄忒与美索不达米亚的女神伊诗塔的许多相似之处,尤其是她的好斗特征。伊诗塔出现在伟大的巴比伦史诗《吉尔伽美什史诗》(*Epic of Gilgamesh*)当中,她等同于苏美尔人的伊南娜。他们还认为,在宗教和肖像研究中,阿芙洛狄忒和腓尼基的性与战争女神阿施塔忒(Astarte)有许多相似之处,比如在阿施塔忒的宗教仪式上会出现白鸽和熏香,以及她的崇拜头衔"天空女王"(Queen of Heaven)——他们声称,这与阿芙洛狄忒的绰号"乌拉尼亚"即"天空的"相当。虽然阿芙洛狄忒从未被确切地称之为"天空女王",但这些学者声称,这些绰号的相关性,通过希罗多德关于阿芙洛狄忒·乌拉尼亚或"天空"女神的腓尼基起源,已在文本上得到了证据支持。此外,一些文学学者认为,希腊诗人的作品中讲述的关于阿芙洛狄忒的故事和神话,提供了借鉴近东文学的证据(近期:West 1997)。例如,他们声称,阿芙洛狄忒与她的情人安喀塞斯的故事中的一些元素,如《荷马颂诗:致阿芙洛狄忒》(颂诗 5)所述,与早期史诗中吉尔伽美什拒绝伊诗塔的性挑逗等一些情形类似。通过考察荷马和赫西俄德描述阿芙洛狄忒时所使用的神话和论题手法的行文结构,这些学者得出了这样的结论:这种叙事模式可能最初受到东方模式的启发,因此强烈暗示了阿芙洛狄忒女神的近东起源。

因此,如若我们接受这一理论,问题仍然存在:这种"东方—西方"之间的传播如何进行?也就是说,阿芙洛狄忒最终是如何被希腊化的?持"东方主义"假说的支持者解释说,近东的爱神形象最初由旅行者和商人带到爱琴海的希腊南部和东部岛屿,主要是塞浦路斯岛,在那里希腊人最有可能第一次接触到她的崇拜。然后,在传播期间的某一时间段,女神被赋予了典型的希腊虚饰,用以区分她与其近东前辈或原型。因此,他们认为,奥林波斯的阿芙洛狄忒在根本意义上是一个合成女神,她的希腊特征日渐突出,在希腊神话、诗歌和艺术中,其形象也明显希腊化。然而,这一学派也坚持认为,阿芙洛狄忒的近东起源,仍然反映在她的崇拜、神话和艺术写照的"东方"风味上。

塞浦路斯的阿芙洛狄忒

在阿芙洛狄忒的崇拜和信仰中,塞浦路斯岛的重要性得到了古代作家和现代学者的一致认可,该岛西南角帕福斯(Paphos)是供奉女神的著名圣地,除此之外,还有一些别的供奉地,如阿玛苏斯（Amathus）和戈尔古（Golgoi）。事实上，学界广泛的共识是，塞浦路斯可能是希腊人敬奉阿芙洛狄忒的最早祭拜地（最近，有广泛的考古证据和调查研究：Ulbrich 2008; Karageorghis 2005; Pirenne-Delforge 1994）。此外，许多学者同意塞浦路斯可能也在最终形成的希腊爱神的演变过程中扮演了关键角色，并且该岛可能在某种程度上发挥了阿芙洛狄忒进入希腊大陆的媒介作用。因此，我们将在下文看到，塞浦路斯的假设与上文讨论的近东起源理论并非完全不相容。

阿芙洛狄忒主要的崇拜圣地位于塞浦路斯岛的帕福斯，这一传统背景深深融进她最早的文学神话中。希腊早期诗人荷马和赫西俄德都强调了塞浦路斯的重要性，因为这里是女神感觉最自在的地方。在赫西俄德描述诞生的故事中，如我们先前所见，阿芙洛狄忒在向东直奔塞浦路斯之前，靠近了库特拉岛，随后她在塞浦路斯第一次上岸，双脚接触到了坚实的陆地（《神谱》192—195）。在《奥德修纪》中，吟游诗人得摩多科斯在他的诗歌结尾详细描述了她的塞浦路斯圣所：在阿芙洛狄忒被发现与阿瑞斯调情后，她回到帕福斯的家中，由她的侍从卡里忒斯（Charites/Χάριτες）——或称之为美惠三女神——沐浴抹油。

他们两人终于挣脱了罗网，

冲出了那里,

立即从床上起来,阿瑞斯前往色雷斯(Thrace),

爱欢笑的阿芙洛狄忒,

前往塞浦路斯的帕福斯,那里有她的领地

还有烟云缭绕的香坛。美惠三女神在那里

为她沐浴,给她抹上神油——

能使永生诸神的皮肤闪闪发光。

再给她穿上华服,

看起来惊艳绝伦。

(《奥德修纪》8.360—366,隆巴多[Lombardo]译,2000)

在《荷马颂诗:致阿芙洛狄忒》中,阿芙洛狄忒被称为"塞浦路斯人"(颂诗5.2),在这首诗中,她的温泉神庙也位于塞浦路斯岛的帕福斯。在那里,美惠三女神为她诱骗特洛亚的牧牛人安喀塞斯作好了准备。

位于帕福斯的库浦里斯神殿,焚香缭绕,

以她的圣地和香坛为特色。

她走了进去,关上了明亮的门。

在那里,美惠三女神为她沐浴按摩,

给她抹上一种能在不朽者身上绽放的神油——

她随身带着神界这甘甜无比的香脂。

现在，爱寻欢的阿芙洛狄忒

在各式华服与金饰的装扮下，

离开了芳香的塞浦路斯——直奔特洛亚。

（《荷马颂诗》5.58—66，鲁登［Ruden］译，2005）

因此，古代诗人敏锐地察觉到，塞浦路斯是阿芙洛狄忒最喜欢的地方，她对帕福斯圣地的喜爱无可争辩。但是女神究竟是如何与这座岛联系在一起的？一些阿芙洛狄忒的"东方"起源支持者争辩说，在塞浦路斯的帕福斯，阿芙洛狄忒崇拜由腓尼基人建立，他们于公元前1000年左右定居在这个岛上。腓尼基人长期以来在希腊文学中扮演着海上贸易商和东西方文化中介的传统角色：正如我们所指，希罗多德说腓尼基人在叙利亚的阿斯卡隆崇拜阿芙洛狄忒，并在定居塞浦路斯时将这种崇拜带到了那里（《历史》1.105.2）。一些学者认为，一些早期到达的腓尼基人，可能在建造或翻新阿芙洛狄忒位于帕福斯的著名神庙中发挥了重要作用，这显然可以追溯到迈锡尼时代（约公元前1200年）；他们还引用了岛上阿芙洛狄忒其他圣所的考古发现，也作为可能受到腓尼基人影响的证据（最近，学术评论：

Breitenberger 2007）。因此，他们认为，腓尼基商人和后来的定居者作为阿芙洛狄忒崇拜的中介者发挥了关键作用，他们将她从东方带到希腊，从而促使她最终成为奥林波斯的爱神。所以，我们可以把塞浦路斯看作是一个古老地中海的"埃里斯岛"（Ellis Island），近东迁入的阿芙洛狄忒等着被允许进入希腊大陆，这样她就可以完全"自然而然地"成为希腊神祇。

其他学者认为，塞浦路斯岛在希腊爱神的演变中更为重要，甚至处于中心地位（最近，有充分的证据解释：Ulbrich 2008；Karageorghis 2005；Budin 2003）。一些学者认为，存在一个早期塞浦路斯本土的阿芙洛狄忒原型，明显早于公元前9世纪腓尼基人的到来——在迈锡尼晚期，甚至在青铜时代晚期，她在帕福斯尤其受到崇拜（约公元前1300—前1100年）。这个本土岛上的女神经历了黑暗时代（公元前1100—前800年）及其后的动荡变革时期，直至演变成为完全现实的希腊女神阿芙洛狄忒。虽然一些学者接受了塞浦路斯本土女神的假设，但他们也认为，她可能在早期就因与近东接触而受到影响，包括黎凡特（Levant）和美索不达米亚以东地区。具体来说，他们声称，当近东爱神类型的神祇与旅客和商人经过该岛之时，她可能受到了影响。因此，这是一个多面的女神形象，一个土生土长有着"东方"口音的塞浦路斯人，后来她被传播到大陆，并在那里成为希腊神话、艺术和文学中经典的阿芙洛狄忒。

印欧的阿芙洛狄忒

一批为数不多但颇具影响力的学者主张,古希腊的阿芙洛狄忒主要起源于印欧(主要代表人物:Boedeker 1974;Friedrich 1978;Nagy 1990)。在所有关于阿芙洛狄忒起源的理论和争论中,印欧思想学派的拥护者认为,阿芙洛狄忒最早出现在希腊本土上,他们声称印欧的阿芙洛狄忒祖先是由最早说希腊语的人带到爱琴海地区的,可能早在青铜时代中期(约公元前2000—前1500年)。这些学者认为,阿芙洛狄忒最初起源于印欧的黎明女神,她是整个印欧万神殿中最原始的神圣成员之一。此外万神殿还突出刻画了一位天父形象*Dyēus*[帝乌斯],他就是希腊天神宙斯的印欧祖先。通过主要的语言学分析,这些学者认为,现存的古代文献中与阿芙洛狄忒最相似的应该是乌莎斯(Ushas),一部献给印度教众神的古梵语颂诗圣集《梨俱吠陀》(*Rig Veda*)中颂扬的黎明女神。根据这一理论,在最早说希腊语的人继承了整个印欧众神体系之后,在史前的某一时期,希腊早期黎明女神的形象分裂为两个独立却相互关联的神祇:希腊黎明女神厄俄斯(Eos/Ἔως)和阿芙洛狄忒。

希腊女神阿芙洛狄忒和厄俄斯之间——正如他们所称,这两位女神最初是一个神——以及与他们的印欧同源神,吠陀的黎明女神乌莎斯之间的一系列文学和语言学上的类比,支撑了这种认同。在《梨俱吠陀》中大约有21首赞美乌莎斯的诗,其中不仅赞美她光芒万丈的美丽与性感,而且吁求她提供物质财富和产业。印欧理论的拥护者提请我们注意,古代神话文本中描述的印度的乌莎斯和希腊的厄俄斯-阿芙洛狄忒的属性、绰号和叙事功能之间的文本相似性。这些相似性包括女神的性感美和具有侵略性的性欲,她们与红色、白色和金色的属性之间的共同联系,她们与天体(太阳和星体)的联系,她们与凡间情人及儿子的关系,她们都从海洋升入天空。尽管希腊作家从未明确将阿芙洛狄忒等同于黎明女神,但赫西俄德在阿芙洛狄忒的诞生(《神谱》188—193)叙述中,对她从海中崛起的描述非常生动,在《荷马颂诗:致阿芙洛狄忒》(颂诗6)中亦如此:

> 我将歌唱头戴金冠、美丽可爱的阿芙洛狄忒,
>
> 塞浦路斯雉堞的尊贵主人,
>
> 坐落在海洋之上,
>
> 阵阵潮湿的西风和轻柔的浪花将她送到海里。
>
> (《荷马颂诗》6.1—5,鲁登[Ruden]译,2005)

但是印欧学者争论的关键因素基于古代文本中阿芙洛狄忒与希腊天神的密切血缘关系。无论她的父系是来自于乌拉诺斯，天空的原始元素，如赫西俄德讲的诞生故事；还是来自宙斯，奥林波斯的天神，如荷马史诗所述：在阿芙洛狄忒诞生神话的希腊版本中，两位天神均被证明是她的"父亲"。同样，在吠陀传统中，据说乌莎斯"诞生于天空"，*divo-jā*（《梨俱吠陀》6.65.1），她经常被称为印度天父 *Dyáus Pitar*［道斯·彼塔］的女儿。此外，他们认为，就像乌莎斯在吠陀赞美诗中被公式化的绰号 *diva(s) duhitár-*，即"天空的女儿"一样，在古风时代的希腊史诗中，阿芙洛狄忒也经常由精确的同音韵律格式 Dios thugatēr/Διὸς θυγάτηρ 即"宙斯的女儿"所指代。这些学者声称，女神与天空和天神之间紧密的文本关联是决定性暗示，表明她们共同继承了一个原始的印欧黎明女神。然而，近期学界倾向于拒绝这种关于印欧黎明女神和希腊女神阿芙洛狄忒之间的语言学联系的理论。的确，任何可能存在的关于印欧神话的证据，都可能已经受到近东和爱琴海本土神话主题和传统的影响或与之融合。因此，希腊的阿芙洛狄忒也许确实反映了几个年代、文化和地理来源的复杂结合。

名字

一个名字意味着什么？阿芙洛狄忒的名字第一次出现在希腊世界是什么时候？"阿芙洛狄忒"这个名字最早出现在希腊的荷马和赫西俄德的叙事诗中，这些诗歌创作于公元前 8 世纪末或前 7 世纪初。阿芙洛狄忒的名字也被命名为彼斯库塞（Pithekoussai）的"奈斯托尔酒樽"（Nestor Cup）。彼斯库塞是攸卑亚人（Euboeans）公元前 8 世纪早期在意大利西海岸的伊斯基亚岛（Ischia）建立的希腊殖民地或贸易中心。奈斯托耳酒樽是一种 kotylē/κοτύλη，或称之为陶制酒樽，于 1954 年在发掘某个坟墓时发现，里面装有可追溯到公元前 730 至前 720 年的物品。因此，这些铭文是最古老的例子之一——如一些人所争论的那样，这一最古老的例子——就是使用古希腊字母书写的碑文。

"我是奈斯托耳酒樽，可用于畅饮。
用此樽者，
头戴美丽金冠的阿芙洛狄忒即刻会燎起他的欲火。"

（"奈斯托耳酒樽"题词，作者译）

然而，当我们努力分析阿芙洛狄忒这个名字的真实词源时，新的困难出现了。不足为奇，这一探究引发了很多争议，不同的学者提出了不同的语言学原理，试图将阿芙洛狄忒的名字改编成他们喜欢的关于她的文化或地理起源的理论。例如，许多支持女神是印欧血统的人，从表面上看，阿芙洛狄忒的名字基本上是基于希腊单词 aphros/ἀφρός，根据赫西俄德的神话描述，她从"海洋泡沫"中诞生（《神谱》195—198）。当然，大多数早期希腊人认为，这是她名字的词源基础，后世作家（如柏拉图，《克拉底鲁篇》406c）自然引用赫西俄德作为这一解释来源。赫西俄德通过称她为 aphrogenēs/ἀφρογενής 或"泡沫中诞生的"阿芙洛狄忒（《神谱》196），强化了他的词源解释。对阿芙洛狄忒这个绰号的解释，进一步与她可能作为黎明女神的印欧血统有关，因为一些学者把希腊单词 ἀφρός 的词源与相应猜测的印欧语单词，比如薄雾、浓雾、多云和其他类型的自然湿气联系起来，特别是与印度语单词 *abrhá-*，或与"云"（Boedeker 1974；Friedrich 1978）联系起来。如果她的名字被假定为一个复合词，那么这个词的第二部分就被解释为来自希腊语单词 hoditēs/ὁδίτης，意为"漫游者"，所以这个名字在希腊语中是"泡沫/云漫游者"的意思。另一种说法是，该词第二个组成部分围绕印欧语词根 *dei-*，意为"发光"构建，与之相关的希腊语形容词 dios/διός 意为"闪耀的、明亮的、庄严的",这与希腊早期诗歌中女神经常被冠以的绰号 dia/διά,即"闪耀的"吻合。因此,阿芙洛狄忒这个名字的意思就像"明亮的泡沫/云"。与印欧语单词 *dei- 组成的语言学上的联系,也将女神与她的荷马"父母"——宙斯和狄奥涅的名字联系在了一起。然而,必须指出的是,这种为阿芙洛狄忒的名字建立希腊语甚至印欧语系起源的学术努力,最近被斥为是纯粹的民间词源(etymology)。

最近的学术论述认为,"阿芙洛狄忒"这个名字不是希腊语,甚至也不源于任何印欧语。一些学者更广泛依赖于女神的"东方主义"起源理论,认为阿芙洛狄忒这个名字是希腊口音的挪用,是她的其中一位近东爱神祖先的名字。例如,有些人推测,女神的希腊名字,最有可能是说希腊语的人努力口吐出腓尼基女神阿施塔忒这个外来音节时产生的结果。其他学者认为,这个名字是真正的闪米特语,尽管他们认为,此名并非从阿施塔忒派生而来,而是来自女神的另一个名字或绰号,可能是在希腊文化和腓尼基文化首次相遇的塞浦路斯岛上使用的(近期:West 2000)。通过分析该名字的闪米特语态和音韵,一种一致的假设指出,阿芙洛狄忒的名字由希腊语翻译而来,可能是当地塞浦路斯-腓尼基人的祭拜头衔,*prāzit*——衍生自 *prāzi*,在迦南语(Canaanite)中是"村镇"(country town)的意思——

故称女神为"村镇女子"。其他对阿芙洛狄忒神名的词源解释，有些有说服力，有些仅是挑衅，包括埃塞俄比亚语（Eteocypriot）、安纳托利亚语（Anatolian）、伊特鲁里亚语（Etruscan）和埃及语版本，对此学术界争论不休。

库浦里斯与库特瑞娅

正如希腊万神殿中的所有主神一样，阿芙洛狄忒也以众多崇拜头衔、昵称和文学上的绰号闻名。阿芙洛狄忒几个最重要的头衔和绰号，与她诞生的几种神话故事及起源有关。继阿芙洛狄忒这一主要神名之后，在希腊作家中，她最常见的绰号是Cypris/Κύπρις［库浦里斯］和Cythereia/Κυθέρεια［库特瑞娅］，这两个名字表面上都源自地中海诸岛。这两个称呼在希腊文学中经常出现，因此表明，阿芙洛狄忒很容易与这些岛屿联系起来，也反映出这两个岛屿是她最重要的崇拜中心。其中，她最重要的绰号是Cypris/Κύπρις，即"库浦里斯女神"，在古希腊诗歌中被广泛使用，还有相关的形式Cyprogenēs/Κυπρογενής［库浦洛格涅斯］和Cyprogenea/Κυπρογενήα［库浦洛格涅亚］，即"库浦里斯女神诞生"。阿芙洛狄忒也被称为帕佩娅，意为"帕福斯的她"，暗指她主要的圣所在塞浦路斯的帕福斯；这个名字出现在一些早期古老的塞浦路斯铭文中（Budin 2003）。因此，从很早的时候起，这些传统文学和铭文的称谓就已表明阿芙洛狄忒与塞浦路斯岛的特殊关系，也许还暗示着该岛在阿芙洛狄忒崇拜从帕福斯到希腊大陆的演变或传播过程中所起的重要作用。

Cythereia/Κυθέρεια 这个名字，意为"库特瑞娅"，似乎也把女神和库特拉岛联系在了一起，这个岛离伯罗奔半岛南部海岸只有几英里。赫西俄德注意到，刚诞生的阿芙洛狄忒在向东前往塞浦路斯的途中，第一次接近了库特拉岛，因此赢得了库特瑞娅的称号（《神谱》192—196）。其他古希腊作家，包括希罗多德（《历史》1.105.2—3）也支持这种联系，声称库特拉岛是阿芙洛狄忒最早的祭拜圣地之一，它由四处漂泊的腓尼基人建立。然而，从库特拉岛早期的考古记载中收集到的信息尚无定论，只有一些近东埃及人和米诺斯人在岛上定居的痕迹，但很少有具体的腓尼基人的证据（最近，有证据调查：Budin 2003）。事实上，一些学者认为，库特瑞娅这个名字最初可能与阿芙洛狄忒在库特拉的著名崇拜根本没有关系。两个名字中元音数量存在明显差异，从语言学来看，这个特定头衔无法从该岛的名字派生出来（该岛称为 Cythēra/Κυθέρα，而女神称为 Cythēreia/Κυθέρεια）。因此，据说 Κυθέρεια 这个名字实际上可能是 Kothar 这一名字的阴性形式，Kothar 是乌加里特语

（Ugaritic）中的铁匠之神，这是腓尼基早期的一种语言（最近：West 1997）。由于 Kothar 相当于希腊万神殿中的赫菲斯托斯，这个绰号或可以为阿芙洛狄忒与希腊铁匠之神的特殊婚姻提供一种解释，就像在得摩多科斯的诗歌中所述的那样（《奥德修纪》8.266—366）。根据这一理论，这种早期联系在希腊遭到遗忘后，赫西俄德和希罗多德等作家都试图通过将女神与库特拉岛联系起来，来解释这一熟悉的头衔。当然，在赫西俄德时代，对库特瑞娅女神的崇拜就已经建立起来了。

乌拉尼亚

在古希腊世界，Ourania/Οὐρανία 即"天空的"，这个名字是阿芙洛狄忒最常被证实和广为流传的崇拜头衔（最近，有相关概述证据：Rosenzweig 2004；以及 Pirenne-Delforge 1994）。根据包括希罗多德（《历史》1.105）和鲍萨尼阿斯（《希腊纪行》1.14.7）在内的希腊作家的证词，在希腊本土最古老和最神圣的祭礼场所，女神被尊称为阿芙洛狄忒·乌拉尼亚。希腊作家也把阿芙洛狄忒·乌拉尼亚和腓尼基人联系在一起，认为是腓尼基人把关于她的崇拜传入到了希腊人那里。因此，许多学者根据这个神圣的崇拜头衔认为阿芙洛狄忒与近东爱神有关，特别是以类似的崇拜头衔"天空女王"而闻名的腓尼基女神阿施塔忒。另一些学者则认为，这个名字本质上源自一个父名，他们认为，乌拉尼亚这个名字源于阿芙洛狄忒与其"父"——天神乌拉诺斯的关系，正如赫西俄德对她诞生时的描述（《神谱》188—206）。虽然赫西俄德从未直接将她称为乌拉尼亚，但阿芙洛狄忒从海上升入天空的故事，无疑强调了她的天神本质，而乌拉尼亚的名字也证实了这一点。

但事实上，在有关女神的神话故事中，乌拉尼亚，这个希腊最著名的阿芙洛狄忒崇拜头衔，并未作为文学上的绰号使用。这引发了更多学术上的猜测。一些学者认为，这表明乌拉尼亚这个名字显然是指一种宗教崇拜，也就是说，它是宗教领域的遗产，而非神话领域的遗产。因此，乌拉尼亚这个崇拜绰号必定是启发赫西俄德的诞生神话的历史条件，也就是说，这个头衔在赫西俄德时代的希腊已经很常见了。最近一些学者引用了一个早期近东类似的神话——关于乌拉诺斯被阉割和随后诞生新神的神话。这是胡里安人的《库玛比之歌》（*Song of Kumarbi*）中叙述的创世故事，他们在青铜时代晚期生活在美索不达米亚北部（Caldwell 1987）。因此，有人认为，赫西俄德用诗意的想象改编了阉割的故事，来支持他关于阿芙洛狄忒从天神的生殖器中诞生的故事，因此，乌拉尼亚的这个起源可以解释她最为人知与广泛使用的绰号。无论她来自何方，阿芙洛狄忒·乌拉尼亚的崇拜和神龛遍布整个希腊大陆和各个岛屿，毫无疑问这是女神最泛希腊化的表现。

小结

通过考察阿芙洛狄忒的文学、神话和崇拜起源，我们发现，她是作为一位多层次意义上的神祇出现的。最早的希腊文学中关于女神诞生的神话变体揭示了她多面神性本质的关键方面，就像古希腊人想象中的那样。同样，在古代作家和现代学者的提出和推动下，关于阿芙洛狄忒可能的种族、地理和年代起源的众多不同的理论表明，她作为一个崇拜形象的发展和传播可能存在于多个同时并发的层面上。最后，我们通过探究阿芙洛狄忒一些最受欢迎的名字和绰号，以此表明她最早的文学神话与她最传统的崇拜场所密不可分。

三、爱，性，战争

在本章，我们将讨论阿芙洛狄忒作为爱与性女神广泛的神力范围。这一章将阐明在古希腊作家的想象中，女神如何诠释 mixis/μίξις［混合］概念，即身体的性交合。我们将研究阿芙洛狄忒与 peithō/πειθώ 即"说服"概念之间的爱欲暗示，同时评判她的绰号"Pandēmos/Πανδήμος［潘德摩斯］"和"Philommeidēs/Φιλομμειδής［斐洛美德斯］"的意义，以及她与卖淫（prostitution）行为的联系。接下来，本章将探讨女神与爱神爱若斯和希墨洛斯的关系，在希腊艺术、文学和神话中，他们经常被描述成是女神的同伴。作为性欲或欲望的化身，爱若斯代表着对情爱满足的侵略性和贪婪冲动。我们将反思，古希腊人是否将阿芙洛狄忒和爱若斯视为危险的甚至具有毁灭性的性激情原动力。我们将通过审视阿芙洛狄忒的神性本质，也包含在战争领域，即交战中身体的混合，来结束这一章。

爱与性

在最早的希腊文本中,阿芙洛狄忒作为爱与性女神出现,她影响所有有情众生,包括人和神,兽和鸟性愉悦的协调与实现。女神在爱欲交往的主观世界中行使着亲切而绝对的统治权,希腊作家喜欢称这个领域为 ta aphrodisia/τα ἀφροδισία,字面意思是"阿芙洛狄忒的所属物"。在赫西俄德公元前 8 或前 7 世纪某个时期创作的早期叙事诗中,描述了她的诞生(《神谱》188—206),据说阿芙洛狄忒从乌拉诺斯被阉割的生殖器周围的海水泡沫中冒出来后,就立即获得了这种特殊的控制范围。因此,诗人讲述的伏击与阉割的神话传说,将阿芙洛狄忒与古希腊性爱体验概念中固有的暴力和侵略联系起来(Carson 1986;Cyrino 1995),赫西俄德也暗示,美神的诞生将开启一个更加和谐浪漫的新阶段。

> 从那一刻起,在诸神与凡人之间,
> 她已完成光荣的使命,包括
> 少女的甜言蜜语,情人的微笑和欺骗,

以及性的所有美好愉悦。

（《神谱》203—206，隆巴多［Lombardo］译，1993）

尽管赫西俄德概述了阿芙洛狄忒情爱权力的管辖范围，但《荷马颂诗：致阿芙洛狄忒》（颂诗5）的诗人，强调了她的权力的全面范围。荷马颂诗第5首为希腊诗人如何看待女神及其能力提供了另一个早期证明，因为它可能创作于公元前7世纪晚期的某个时段（最近，学术评论：Faulkner 2008）。在这首颂诗中，据说阿芙洛狄忒支配世上所有生物的爱欲，除了三位宣誓的处女女神：雅典娜、阿耳忒弥斯和赫斯提亚（Hestia/Εστία）。所以，除了这三位神圣的处女，颂诗强调了一个事实，那就是没有人能够摆脱阿芙洛狄忒激发性的力量。注意这首颂诗采用了古风时代的希腊诗人普遍使用的"极性表达"（polar expression）这种包涵性语言，用以表达女神支配力的包罗万象及其整体性。

缪斯（Muses/Μοῦσαι），告诉我阿芙洛狄忒曾经做过什么，
库浦里斯用甜蜜的欲望使诸神满意，
并且她驯服了人类部落，
驯服了天空的飞鸟和大地的走兽。
戴着美丽王冠的库特瑞娅女神拥有

陆地和海洋养育的所有生物。

(《荷马颂诗》5.1—6，鲁登［Ruden］译，2005）

然而，在早期文本的其他地方，有时需要注意阿芙洛狄忒的神性影响的精确限度。关于将"阿芙洛狄忒置于其位"的叙事母题在她的文学神话中都频繁出现，要么通过建立她所关注领域的专属爱欲形象的方式，要么明确划定其确切界限。这样一个主题的反复出现可能表明，阿芙洛狄忒所拥有的巨大而普遍的力量，对古希腊人而言，是阿芙洛狄忒的神话形象中永久而传统的部分（关于"界限建立"的母题研究：Bergren 1989; Clay 1989; Cyrino 1993）。有关这一母题的某一案例出现在荷马《伊利亚特》第 5 卷中，阿芙洛狄忒在战场上从狂暴的希腊战士狄奥墨德斯手中营救她的特洛亚儿子埃涅阿斯时受了伤（5.311—351）。回到奥林波斯山后，阿芙洛狄忒得到她的荷马的母亲狄奥涅的安慰，而她的父亲宙斯却因为她在战场上的冒险行为责备她。

她这样说，众神与凡人之父笑了笑，
呼唤阿芙洛狄忒前来，对她说：
"我的孩子，战争的事情不由你掌管，

> 你还是专门掌管可爱的婚姻之事,
>
> 把战斗留给阿瑞斯和雅典娜。"

(《伊利亚特》5.426—430,隆巴多[Lombardo]译,1997)

以上三段都揭示出,阿芙洛狄忒是如何被最早的希腊作家授予无可争议的爱与性女神的显赫地位。从她神话般诞生的那一刻起,到她在希腊神话中的其他形象,阿芙洛狄忒都是统治地球上所有生物——人、神和动物——情爱体验的女神,我们看到,文本中经常强调她的统治范围的无所不包。阿芙洛狄忒的强力迫使性伴侣在神的激发下将他们的身体混合在一起,她引导他们模糊各自的界限,直到他们融为一体。阿芙洛狄忒代表了亲密接触和融合的冲动。

混合

阿芙洛狄忒的强烈欲望需要 mixis/μίξις,即在亲密的肉体交往中身体"混合"(mixing)或"交合"(mingling)。对于古希腊作家而言,μίξις 是描述性交中身体融合的特定术语:例如,历史学家和人类学家初代希罗多德,在叙述他旅行中观察到的不同民族的性交类型时,就使用了这个词(例如:《历史》1.203;4.172)。名词 μίξις 来自希腊动词 mignumi/μίγνυμι(有时拼作 meignumi/μείγνυμι），意思是"混合，交合"或以一种亲密的方式与某人"接触"。事实上，在早期史诗中，μίγνυμι 经常有两种具体却完全不同的含义：一种是在战斗中身体的交合，另一种是在性交中身体的交合。因此，μίξις，"交合"概念，连接或吸收了两个通常截然不同的主题意义领域——爱和战争。但当我们继续研究阿芙洛狄忒的神性特征时，这两个领域可能会结合在一起，揭示出一些关键方面，从而促成这位复杂女神的本性。

荷马用这个词来描述战士们在战斗中"混在一起"（mixing it up），比如，当希腊战士埃阿斯（Ajax/Αἴας）唤醒他的士兵去对付特洛亚人，"我们唯一的策略是：与他们 μίγνυμι [交手]，用我们的肌肉对抗他们"（《伊利亚特》15.509—510，Lombardo 译，1997）。这个动词还被用在许多其他的军事语境中，用来表达战士们在战斗中汗流浃背的身体碰撞（例如《伊利亚特》4.456, 13.286, 21.469），或者当对手被砍倒时，身体的一个重要部位掉下来，与地面上的泥土"混合"在一起（例如《伊利亚特》10.457；《奥德修纪》22.329）。在《伊利亚特》第 3 卷，特洛亚英雄赫克托耳（Hector/Ἕκτωρ）用这个词痛斥他英俊却意志薄弱的弟弟帕里斯——这个阿芙洛狄忒的宠儿，因绑架海伦引发了整个战争（3.38—57）。就在他与海伦的合法丈夫墨涅拉奥斯决斗之前,帕里斯惊恐地退缩到特洛亚的队伍中,赫克托耳指责他在勾引女人方面很大胆,但在战场上却很懦弱。

> "不,不要起身反抗墨涅拉奥斯:
> 你会发现你占去了什么人的妻子,
> 你以为一旦你陷在[μείγνυμι]泥泞中,
> 阿芙洛狄忒赠予你的竖琴礼物,你的美发,还有你的漂亮脸蛋救得了你?"
>
> (《伊利亚特》3.53—56,隆巴多[Lombardo]译,1997)

在这段引语中,赫克托耳将爱与战争概念结合在一起,他谴责帕里斯在某方面是技巧娴熟的内行,但在另一面却注定是个新手。这两个表面上对立的领域的结合,让人想起第5卷中"擅长爱,而非战争"的一段——宙斯责备阿芙洛狄忒与狄奥墨德斯决斗失败,而她应该坚持她在性愉悦方面的支配领域(《伊利亚特》5.426—430)。为什么至少在史诗的英雄世界里,把爱和战争放在一起讨论具有叙事意义?在引用的两段诗行中,史诗诗人阐明了这两个概念,即爱与战争在主题上显而易见的相似性,同时也许暗示,"联合"(association)这个术语是指身体进行激烈而亲密的交流。

在荷马文本的其他地方，动词 μίγνυμι 拥有更明确的爱欲含义（例如《伊利亚特》3.445、6.165、14.295、15.33、24.131；《奥德修纪》1.433、5.126、11.268、15.420、22.445）。《伊利亚特》第9卷中有一个特例，谈判大师奥德修斯企图说服闷闷不乐的阿喀琉斯放弃对阿伽门农的愤怒，接受国王提出的赎金回到战斗中（9.225—306）——阿喀琉斯的奖赏包括贵重的五金、赛马、美人和美少女布里塞伊斯（Briseis/Βρισηίς）。布里塞伊斯是阿喀琉斯的战利品。在这里，μίγνυμι 具体的"身体"含义就是提议和解的关键条件，因为奥德修斯保证，这个少女不会被国王染指。

> "将与她们同去的，还有他从你身边夺去的女子，
> 布里修斯（Briseus/Βρυσῆος）的女儿，他将庄严地宣誓
> 他从来没有去她的床上和她交合 [μίγνυμι] 过，
> 也没有做过男女之间本能的事。"
> （《伊利亚特》9.273—276，隆巴多 [Lombardo] 译，1997）

阿芙洛狄忒的力量可以激发神与人的爱欲混合，甚至可以跨越神与凡人之间的永恒界限，将身体混合在一起，这在《神谱》中的神话叙述里得到了充分说明。赫西俄德在他记述希腊诸神的世代时，经常将动词 μίγνυμι 作为自己更偏爱的方式来描述

各种神、半神与人类之间的两性结合;他还经常用动词连接短语 en philotēti/ἐν φιλότητι,表达"坠入爱河/与爱沉沦",来突出这些特殊结合的爱欲本质(例如《神谱》920, 927, 941, 944, 970, 980, 1018);此外,他有时特别指出,阿芙洛狄忒是制造爱的动力(例如《神谱》962, 980, 1014)。在他的诗歌结尾,赫西俄德解释,即使是阿芙洛狄忒自己,当她渴望凡人的特洛亚牧牛人安喀塞斯时,也经历了势不可挡的性 μίξις 的催动,甚至越过了神与人的边界(这个故事在《荷马颂诗:致阿芙洛狄忒》第 5 首中有更完整的叙述)。

> 华冠的库特瑞娅女神
> 与英雄安喀塞斯甜蜜交合 [μίγνυμι] 后,
> 在树木繁茂、沟壑丛生的伊达(Ida)山顶,
> 生下了埃涅阿斯。
>
> (《神谱》1008—1010,隆巴多 [Lombardo] 译,1993)

哪里有阿芙洛狄忒,哪里就有 μίξις。希腊作家把女神描述为这种爱欲交融的神圣源泉和灵感来源,渴望与另一个人交合的强烈欲望,以及几乎所有生命都受制于这个强大的神所激发的不可抗拒的冲动。但如何才能实现这样的混合呢?果不其然,

女神阿芙洛狄忒也掌控着吸引和诱惑领域，也就是如何找到、达到以及享受到性交合的极致。

佩托与潘德摩斯

作为爱欲交合女神，阿芙洛狄忒很自然地与各种吸引情人的技巧、策略和技能联系在一起：调情与施媚，狡猾的诡计，爱欲的欺骗或善意的小谎，以及所有诱惑、蛊惑与迷人的艺术。在力量方面，阿芙洛狄忒与 peithō/πειθώ 紧密相连，πειθώ 在希腊语中意为"说服，诱惑，引诱"的意思。对于古希腊人来说，πειθώ 这个概念既包含公共内涵，也包含私人内涵。虽然许多希腊人（尤其是雅典人）会断言，在政治和公共舞台上，雄辩的才能备受追捧，但在私人领域，强大的性说服力与女神阿芙洛狄忒联系在一起。这种由阿芙洛狄忒掌管的爱欲 πειθώ［说服］表现在更私密的情人关系环境中，以及在订婚和婚礼等家庭和社会庆祝活动中。因此，当这些公共与私人领域重合时，阿芙洛狄忒向我们揭示了她的社会职能：阿芙洛狄忒以 Pandēmos/Πανδήμος［潘德摩斯］的面目出现，她是"属于所有人"的女神，掌管着夫妻、家庭以及政治派别的和谐统一——这由成功的 πειθώ［说服］实现。

让我们先研究一下爱欲 πειθώ［说服］的关键含义，也就是阿芙洛狄忒如何使用她的力量让爱人结合在一起。在最早的希腊文本中有几个例子，可证明阿芙洛狄忒强大的性说服能力，以及她使情人结合在一起的能力。在《伊利亚特》第 3 卷中，女神将帕里斯从他与墨涅拉奥斯注定失败的决斗中解救出来后，诱使海伦去她的特洛亚情人宫殿里的卧房中。读过这段诗行的读者已经注意到，这一幕是如何唤起甚至再现了人们对斯巴达当初的 πειθώ［说服］事件的记忆：当时阿芙洛狄忒第一次说服海伦离开她的家庭，和帕里斯一起跑回了特洛亚（关于倒叙叙事策略研究：Friedrich 1978; Nagy 1996）；现在，阿芙洛狄忒狡猾地伪装成海伦所钟爱的斯巴达老妇人，再次施展她的诡计。她哄着海伦去见特洛亚王子，同时她又描绘出了一幅诱人的场面——拥有迷人身型和健壮体格的帕里斯，正在他们的床上等待她。

> "快到这儿来，帕里斯要你回家去。
> 他正在你们的卧房里，
> 靠在那柔软精致的枕垫上，你从未想过
> 他是刚从战场回来，倒会想他要去参加舞会，
> 或者刚参加完舞会坐下来休息。"
>
> （《伊利亚特》3.390—394，隆巴多［Lombardo］译，1997）

在这段话中，我们看到了阿芙洛狄忒的说服技巧是如何结合了蓄意欺骗（或伪装）、花言巧语和明目张胆的诱惑元素。这些也是《伊利亚特》第 14 卷中以 Dios Apatē/Διὸς Ἀπάτη 命名的情节的特征，即"诱惑 / 欺骗宙斯"：女神赫拉设计引诱她的丈夫，伟大的宙斯神，使他远离特洛亚战场（《伊利亚特》14.153—351）。在用诱人的香水、衣服和珠宝装饰自己来增强自己的性吸引力之后，赫拉找到阿芙洛狄忒这位爱欲说服女神。让她帮助自己获得魅力所需的终极要素。她巧妙地用以下方式开始她的请求："你会被我说服［πειθώ］吗？"（191）赫拉请求阿芙洛狄忒给予她诱惑之力，但她隐瞒了自己的目标（宙斯），假装自己是要让争吵不休的提坦夫妻奥刻阿诺斯和泰堤斯重聚："如果我能和他们交谈，让他们和好［字面上，用 πειθώ '说服'他们］——让他们重新躺上爱床——他们将拜倒在我脚下的土地。"（《伊利亚特》14.208—210，隆巴多译，1997）阿芙洛狄忒肯定意识到，赫拉出于个人爱欲目的而撒了一个"善意小谎"，但她仍优雅地同意了众神之后的请求。

"我怎么能，我怎么会拒绝
睡在强大的宙斯怀里的人呢？"
说着，她解开了胸前的束缚，

>   这是一条镶嵌神奇魔力的华丽腰带。
>   那里面有性、渴望,以及蛊惑人心的
>   甜言蜜语,就连智者也会被愚弄。

(《伊利亚特》14.212—217,隆巴多[Lombardo]译,1997)

阿芙洛狄忒的 kestos himas/κεστὸν ἱμάντα,即"华丽腰带"(214—215),是女神胸前环绕上身的皮革装饰腰带,这件有形的装备象征着她的说服能力,融入了她所有的爱欲魅力技巧("着魔般吸引"thelktēria/θελκτήρια 215)、性感挑逗("甜言蜜语"oaristus/ὀαριστὺς 217)以及性魅力("性……及欲望",philotēs...himeros/φιλότης...ἵμερος 216)。有了这些准备好的装备,就像赫拉在 Διὸς Ἀπάτη 那一情节中所意识到的那样,阿芙洛狄忒是使情人结合的最可靠的力量源泉,即使他们分开(宙斯和赫拉)或陷入冲突(大洋神奥刻阿诺斯和泰堤斯)。女神用她的说服能力能使反目的夫妻重新 μίξις[混合]。

阿芙洛狄忒在不和谐的恋人之间实现和谐的神力,也在萨福的诗歌中得到了证明。公元前 600 年左右,萨福居住在莱斯博斯(Lesbos)岛上的米蒂利尼(Mytilene)城,在那里她谱写了优美的诗篇。这可能是她的作品中唯一一首完整的诗(第 1 首),在诗中萨福以非常亲密和熟悉的方式呼唤阿芙洛狄忒,

恳求女神能让她重获一个迷失爱人的芳心。诗人戏剧性地描绘了阿芙洛狄忒对这一请求俏皮而又令人信服的回应,因为女神承诺利用她不可抗拒的和令人信服的影响力,将她心爱之人的沉默转化为绝对服从。

"这次我将说服[πειθώ]什么人
来回应你的爱?是谁啊,
萨福哟,是谁对你不公正?

倘若她现在躲避,不久她就会追求;
倘若她拒绝礼物,不久她就会送礼;
倘若她不爱你,不久她就会爱你,
即使违背她的意愿。"

(《诗》1.18—24,米勒[Miller]译,1996)

在希腊神话中,Πειθώ[佩托]自身也完全演变成了一位女神,古希腊艺术家和作家描述她为说服的神圣化身。赫西俄德说是奥刻阿诺斯和泰堤斯的女儿,所以把她列在大洋神女族(Oceanids)中(《神谱》351);在其他地方,他指出,Πειθώ是美惠三女神——即阿芙洛狄忒的侍从,她们帮助装扮了第一个凡人女子潘多拉（Pandora/Πανδώρα）（《劳作与时日》73—74）。在希腊艺术和诗歌中，女神佩托经常被描述成阿芙洛狄忒的随从或同伴（最近，通过彻查古代文本和艺术证据，可以看到相关研究：Rosenzweig 2004；Breitenberger 2007）。公元前6世纪晚期，在帕里斯裁决的那一幕中，两人一起被画在红绘人物花瓶画中，佩托在画里似乎在运用她与生俱来的说服能力，影响神话中选美比赛的结果，以此赢得阿芙洛狄忒的绝对偏爱。古希腊艺术中最激动人心的阿芙洛狄忒与佩托的肖像之一，出现在画家海玛门尼（Heimarmene）画的 amphoriskos/αμφορίσκος［双耳陶罐］上（约公元前430年），画中描绘了帕里斯裁决之后，海伦从斯巴达被绑架之前的场景。当佩托站在旁边监督这一著名的说服场景时，阿芙洛狄忒坐在那里，她的手臂亲密搂住栖息在女神膝旁的海伦，海伦则手托着下巴，沉思着自己的情爱命运。在她们的另一侧，帕里斯英勇的裸体引人注目，长着轻盈翅膀的希墨洛斯（欲望）抓住他的手臂，目不转睛地注视着他。这一场景的构图表明，在佩托诱人的才能和帕里斯令人难以抗拒的身体吸引力之间，阿芙洛狄忒毫不费力地赢得了海伦的芳心。

　　雅典人还将女神佩托与阿芙洛狄忒联系在一起，这主要是考虑到阿芙洛狄忒的公众影响力，正如她的绰号 Pandēmos/

Πανδήμος［潘德摩斯］，意为"属于所有人"的女神（最近，有对证据和学术研究的详细调查：Rosenzweig 2004）。Πανδήμος作为一个绰号或崇拜头衔，似乎与近东没有相似之处，反而与雅典城邦有着明显联系。希腊游记作家鲍萨尼阿斯指出，阿芙洛狄忒和佩托共用一个非常古老而重要的崇拜圣地，位于雅典卫城西南坡（《希腊纪行》1.22.3），那里现存的考古遗迹似乎证实了他的观察。在宗教、艺术和文学中，阿芙洛狄忒·潘德摩斯和佩托两位女神的联盟，在她们所有的公开和私下表达中象征着统一与和谐的思想。雅典的政治家们可能会寻求阿芙洛狄忒·潘德摩斯和佩托的共同支持，以帮助对立派系团结起来，达成政治上的和谐；而渴望结婚的情侣或未来的新娘们也会指望这两位乐于助人又勤勉不倦的女神传授性融合，然后让她们的婚姻沐浴在祝福当中。佩托通常被理解为阿芙洛狄忒本人的一个绰号，有时这个名字用来描述阿芙洛狄忒说服、融合以及联合的神力的特定面。因此，当我们审视她与阿芙洛狄忒的复杂关系时，佩托的多面性便浮现出来：她既是天生的女神，同时又代表了阿芙洛狄忒爱欲力量的一个基本特征，即性说服。

斐洛美德斯

阿芙洛狄忒最常见的文学绰号之一是 Philommeidēs/Φιλομμειδής

[斐洛美德斯］，这个特定头衔具有一种迷人的带有性色彩的双关含义，似乎很适合这位爱与性女神（关于古希腊诗歌中这个绰号的"多声部"研究：Friedrich，1978）。在荷马史诗中，反复出现的绰号"斐洛美德斯"多次被用来描述阿芙洛狄忒（例如：《伊利亚特》3.424, 4.10, 5.375, 14.211, 20.40，《奥德修纪》8.362），这一绰号在《荷马颂诗：致阿芙洛狄忒》中也出现过几次（颂诗 5.17, 49, 56, 65, 155），在赫西俄德《神谱》中也出现过一次（989）。作为一种复合形式，绰号 Φιλομμειδής 遵循了希腊复合名词和形容词最常用的构词法，因为这个词用了动词词根 φιλο-，意思是"喜欢、爱或亲密无间"，其后跟的是指称喜欢、爱或相关的项目或活动例如，philosophos/φιλόσοφος 这个词可以称"爱智慧的人"。因此，Philommeidēs/Φιλομμειδής 的传统翻译是"爱微笑"（smile loving），它由 philo-/φιλο- 与希腊语动词 meidaō/μειδάω 意为"微笑"组合而成，加上施动者后缀 -ēs/-ης；然而，请注意 Φιλομμειδής 有时也被误译为"爱欢笑者"（laughter loving），从而赋予 μειδάω 在语言学上未经证实的延伸意义。不过大多数译者遵循公认习俗，将女神描述为"爱微笑的"阿芙洛狄忒。

支持者们将 Φιλομμειδής 译为"爱微笑"，并指出，在有关女神的早期文学作品中，她经常被描述成微笑的样子，或与真实的微笑联系在一起(Boedeker,1974)。例如,在她最初从海中泡沫诞生的那一刻,赫西俄德在《神谱》中讲述了这个故事,阿芙洛狄忒的微笑(meidēmata/μειδήματα, 205)是她的神圣属性之一。当萨福在第一首诗中直接向女神请求爱情援助时,诗人提醒阿芙洛狄忒,她曾经出现在她面前,"你不朽的脸带着微笑"(μειδήματα, 1.14)。一些人还认为,Φιλομμειδής 这个词不仅仅是装饰性微笑,它还有意地用于强调阿芙洛狄忒作为爱欲女神的职能。因此,绰号"爱微笑"会明确传达爱欲内涵,表明阿芙洛狄忒的微笑实际上是一个精心设计的"过来"的示意,充满了说服力的诱惑,并有明确的性目的。

这个词的第二种翻译来自赫西俄德对这个词的另一个用法,这个词通常在大多数文本中以 Φιλομμειδής 的形式出现,在这个词的倒数第二个音节中有一个长元音,而不是双元音。在《神谱》中,赫西俄德在描述阿芙洛狄忒的诞生时,为这个绰号提供了一个明确但非常不同的词源。

神人皆称其为

阿芙洛狄忒,

因她是在白沫中得到滋养。

又因她途经库特拉,故被称为库特瑞娅女神,

> 又因她在塞浦路斯的海浪沿岸中诞生，也被称为库浦洛格涅斯，还因她从斐洛美德斯中显出神性，又被称为"爱生殖器者"［mēdea/μήδεα］。
>
> （《神谱》195—200，隆巴多［Lombardo］译，1993）

在解释阿芙洛狄忒的各种绰号时，赫西俄德非常清楚地提出了一种解释，即 φιλομμειδής 源自希腊史诗中复数名词 mēdea/μήδεα，也就是"睾丸、（男性）生殖器"，他从逻辑上把这个词源归因于女神从乌拉诺斯阉割的生殖器中诞生。赫西俄德别具一格的说法似乎承认，阿芙洛狄忒的诞生来自天神的生殖器，这是她与爱欲亲密联系的隐喻，就像雅典娜从宙斯的头上诞生，因而将她连接到思想和智慧的领域一样。赫西俄德是否故意修改了女神的传统绰号 φιλομμειδής，意为"爱微笑"，并用他自己对这个名字的独特诠释来代替，目前尚不清楚，尽管许多学者倾向于认为他正是这么做的。但或许这个绰号的古代发音（口头传统）和后来的拼写都十分含糊不清，以至于赫西俄德可以利用文字游戏，既让其有神话意义上的恰当性，又有心理上的吸引力，使得在其中的阿芙洛狄忒既可以拥有她原本一贯"爱微笑"的神性，也可以是那位明显"喜欢、热爱并且确实与男性生殖器密切相关"的女神。当然，这样的双关语会让女神微笑。

卖淫

既然阿芙洛狄忒本质的神职是性交合与性愉悦,那么在古希腊人的想象中,她与卖淫活动联系在一起就不足为奇了。卖淫有时被称为"世界上最古老的职业"(最近研究:Davidson1997;Faraone 以及 McClure 2006)。阿芙洛狄忒被奉为在各级性交易工作中妓女的守护神和保护者:普通低级的妓女,或称 pornē/πόρνη[娼妓],他们通常受皮条客或妓院老板奴役,在街上为其打工;那些富有魅力、受过良好教育、处于精英地位的妓女,或者叫 hetaira/ἑταίρα[交际花],她们通常由一个或多个高付费顾客出资,独立经营自己的事业。尽管卖淫在很早的时候就为古希腊人所熟知,但毫无疑问,阿芙洛狄忒作为性活动领域的女神,在历史的早期与性交易的习俗一致,只是早期希腊文本很少将女神与该机制联系在一起。在希腊文本中,阿芙洛狄忒和卖淫之间的联系出现得稍晚一些,最明显的是在希腊诗人(主要创作于公元前 3 世纪和公元前 2 世纪)的警句中。在这些短小诙谐的诗歌中,爱欲与性事成为主要主题,这些诗歌因其碑文的简洁和睿智的见解而闻名。有几句诗行提到,心怀感激的"女'性'工作者"以阿芙洛狄忒为榜样,供奉着她,以换取女神的青睐和她们事业的成功。诗人诺西斯（Nossis，约公元前3世纪）的这几句谚语就是这样一个显例，他出生在希腊与意大利接壤处的洛克里埃皮泽菲里（Locri Epizephyri），那里有一个重要的神龛供奉着阿芙洛狄忒。

> 让我们走进神庙
>
> 看看阿芙洛狄忒神像，
>
> 颇不寻常的是，
>
> 神像由黄金锻造而成。
>
> 波吕阿科斯（Polyarchis）打造了这尊神像，
>
> 她从神像周身的光辉中获得了丰厚的回报。
>
> （诗73，《希腊诗选》9.332，瑞克斯罗斯［Rexroth］译，1999）

在古希腊大陆上，最著名的世俗卖淫中心是科林多（Corinth），这是一个富裕而充满活力的城邦，以其商业性的性交易或"情色事业"名声大噪，或者说臭名昭著。古代科林多恰好坐落在希腊大陆和伯罗奔半岛之间那片狭长地带上，它从不断穿越其边界的商业交通和贸易往来中获取了巨额利润，人们利用便捷的陆路途径穿越该城。随着科林多繁忙的商业活动，商人、经济官员和各种游客来到这里，他们渴望体验这座城市奢华的设施和景点，尤其是其技巧娴熟、价格昂贵的妓女。

希腊地理学家斯特拉博（Strabo，约公元前64年—公元24年）记录的一句流行谚语，证实了这座城邦作为以高昂价格为商人提供性服务的专属中心而闻名："不是每个男人都能航行到科林多。"（《地理学》8.6.20）这句戏谑的谚语有好几个版本从古代流传下来，暗示奢华、商业、金钱和卖淫都是科林多独特吸引力的要素。事实上，这句话的现代曲解可能是："发生在科林多的事，就留在科林多。"

古代科林多也是阿芙洛狄忒主神庙的一处所在地，其坐落于科林多卫城，这座由巨大岩石筑造的卫城高耸于城邦中心之上，在那里有一个强大而有影响力的崇拜地，专门祭祀希腊爱与性女神（关于崇拜研究：Pirenne-Delforge 1994）。一些学者认为，古代一些文献（如上文提到的斯特拉博）表明，阿芙洛狄忒在她的科林多神庙中有一个由"神庙妓女"组成的行会，她们将自己从性交易当中获得的收入供奉给女神。这种在科林多（以及其他地方）为阿芙洛狄忒服务的"崇拜"或"神圣卖淫"观念，在当代大众想象中仍普遍存在，例如在旅游指南和网站上，以及在一些关于希腊崇拜主题的更古老的学术著作中均可以找到其踪迹。然而，目前学术界的共识是，"神圣卖淫"实质是个历史神话，其建立在古代史料的来源是对这种做法的误解和蓄意歪曲，还有20世纪古典研究中的批判性误译和其他方法论（最近，综合证据和学术分析：Budin 2008；还有 Pirenne-Delforge 1994，2007）。尽管没有已知的第一手资料专门描述科林多或古代世界的任何其他地方的"神圣卖淫"行为，但古希腊诗人品达（Pindar，公元前522年—前443年）的一首残诗，经常被视为科林多城的娼妓或交际花与女神阿芙洛狄忒之间存在某种仪式联系的证据。

> 热情好客的年轻女人招呼着来往宾客，
>
> 她们在富裕的科林多是诱惑女神佩托［Πειθώ］的侍从，
>
> 你们点燃琥珀薰香，
>
> 阵阵乳香蔓延开来，
>
> 你们的思绪常常飞向阿芙洛狄忒，
>
> 天上的欲望之母，
>
> 她已恩赐于你们，女孩们，
>
> 无怨无悔地在爱的榻上
>
> 摘下你们芳华之年的果实吧！
>
> （《残诗》122.1—8，米勒［Miller］译，1996）

这是一首 skolion/σκόλιον，"饮酒歌"残篇，由品达创作，为了纪念对科林多的色诺芬在公元前464年奥林匹亚赛会获胜后的答谢（他还委托品达创作一首胜利者颂歌，*Olympian* 13）；这首饮酒歌被保存在希腊修辞学家阿特奈乌斯（Athenaeus）《学问之餐》（*Deipnosophistai*，13.573e—574b）当中，本书写于公元200年左右，也就是在品达之后的几百年。在他的介绍性评述中，阿特奈乌斯告诉我们，这首诗是为赞美色诺芬将一群"交际花"（hetairai/ἑταῖραι）送给阿芙洛狄忒，作为对他胜利的答谢。的确，诗的第一行是写给"热情好客的"polyxenai/πολυξέναι 也即年轻女人，她们居住在科林多（1—2），诗中还提到她们向"天上的"阿芙洛狄忒·乌拉尼亚（5—6）焚香。但这首诗歌并未明确暗示"神圣卖淫"，也没有提及交际花们在阿芙洛狄忒所在的科林多辖区对她有任何长期的供奉习俗；品达的希腊文本也没有特别提及高级或低级妓女，神圣的或不神圣的，因为他只对女性使用中性词（例如：neanides/νεανίδες，"年轻女人"1；paides/παῖδες，"女孩们"7）。此外，作为一首 σκόλιον［饮酒歌］，残篇属于酒宴背景，而非属于任何正式或仪式性的宗教祭祀背景。同样要注意的是，这些年轻女子被称为"佩托的侍从们"amphipoloi Peithou / ἀμφίπολοι Πείθου（1—2），强调她们用世俗又专业的技巧来吸引并诱惑她们的客人。如此一来，一些学者认为，色诺芬为了履行他在奥林匹亚赛会的誓言，邀请或雇用了一批昂贵的科林多交际花参加感恩宴会或派对，并让她们在晚会上演唱了这首歌（Breitenberger 2007；Budin 2008）。然而，色诺芬邀请的交际花和科林多的阿芙洛狄忒之间是否还有某种仪式上的联系？毫无疑问，她们也会向女神献上祭品，并参加在阿芙洛狄忒圣所中举行的定期或特殊的崇拜仪式，以向她致敬。

的确，虽然我们可以放心将"神圣卖淫"的具体做法当作历史神话来看待，但阿芙洛狄忒与古代科林多的女工之间，确实仍然存在着持久的宗教联系，在所有其他地方，她们都从事着这项交易。娼妓和交际花把阿芙洛狄忒当作崇拜对象来敬奉，她们可以，也确实像洛克里的交际花波吕阿科斯一样，用她们的职业收入来供奉女神以支付祭礼和仪式庆典的费用。最值得注意的是，他们创造性愉悦的职业本身就是一种性交合行为，这对女神来说永远是"神圣的"行为。阿芙洛狄忒就是神圣的性化身。

爱若斯和希墨洛斯

作为性愉悦的神性化身，阿芙洛狄忒与古希腊人想象中的性欲的化身爱若斯有着千丝万缕的联系。希腊名词 eros/ἔρως 描述了性的冲动，所以，阿芙洛狄忒作为爱与性女神所发挥的作用，必然取决于这种普遍驱动力的力量和影响。但 ἔρως 不仅仅是感觉或直觉：爱若斯的化身被古希腊作家和艺术家视为一个原始宇宙实体和一个个体化爱神，而他也常常被描述成阿芙洛狄忒的下属，或是她的随从、同伴，后来甚至是她的儿子。爱若斯神话身份的多重价值表明，不同类型的文学和崇拜传统可能对古希腊人理解爱若斯这个形象的方式有所贡献（最近，通过彻查古代证据：Breitenberger 2007）。正如阿芙洛狄忒的各种诞生故事暗示了女神的多面本质一样，爱若斯形象的复杂性也反映在古希腊文献中为他提出的多重谱系和从属关系上。例如在赫西俄德关于宇宙演化的叙述中，爱若斯是出现在时间开端的四个原始神之一。

> 最初只有混沌（Abyss）神卡俄斯（Chaos/Χάος），
> 但随即，大地女神盖娅诞生了，
> 她宽阔的胸脯是一切永远牢靠的根基，
> 还有塔耳塔罗斯（Tartaros/Τάρταρος），诞生于幽暗的大地深处，
> 以及爱若斯，诸神中最俊美者，他
> 使诸神的身体（和人类的身体）变得绵软无力，
> 控制他们的心智，征服他们的意志。
>
> （《神谱》116—122，隆巴多［Lombardo］译，1993）

在宇宙演化到第四重时，对爱若斯的描述最为详尽（120—122）：赫西俄德声称，正是他无与伦比的美貌赋予了他征服身体、蛊惑心智的力量。然而仅仅几句之后，赫西俄德叙述了爱若斯如何加入诸神队列，在阿芙洛狄忒从海中泡沫出现后，他立刻成为她的随从之一，并与另一位神——希墨洛斯，渴望与欲望的化身——一起出现。

当她一诞生，又在众神面前初次登场时，

爱若斯与她为伴，迷狂的欲望〔希墨洛斯〕侍候着她。

（《神谱》201—202，隆巴多〔Lombardo〕译，1993）

虽然爱神爱若斯和希墨洛斯经常和阿芙洛狄忒联系在一起，而且他们经常一起或分开出现在公开的爱欲场景中，但是要精确区分这两个形象有点棘手。基于这两个术语在古希腊文本中的频繁使用，有鉴赏力的读者可能从某种意义的细微差别处区分这两者：爱若斯可能表示对直接触手可及的爱欲对象的一种更加身体上的、迫切的性欲状态，而希墨洛斯可能表示一种更加情绪化的欲望，这种欲望与对一个无法获得或无法接近的爱欲对象的记忆有关。在古希腊艺术表现中，爱若斯和希墨洛斯这两个肖像也常与阿芙洛狄忒联系在一起。爱若斯和希墨洛斯最早的形象之一出现在古风时代阿提卡的黑绘 *pinax*［**板画**］[①]中（约公元前 570—前 550 年），这一板画在雅典卫城发现，画面中盛装打扮的阿芙洛狄忒双手环抱着"婴儿"样貌的希墨洛斯和爱若斯。这个场景可能出自宗谱，暗示两位爱神是她的孩子；也可能来自神话，勾画出在她的神圣影响下两个重要的情爱领域。在古希腊花瓶画中还有许多其他图像，描绘了英俊的有翼少年爱若斯和希墨洛斯与阿芙洛狄忒在明确的情爱背景下共处，尤其是在婚礼场景或描述女神从海洋诞生的场景中（最近，Rosenzweig 2004 提供了一组精美的板画和解说）。爱若斯和希墨洛斯的双翼，就像其他有翼的希腊神祇一样，清楚显示他们的进攻速度，以及他们在不朽者和凡人之间迅速移动以实现阿芙洛狄忒意志的能力，而他们年轻的身体美也暗示其不可抗拒的魅力。

在最早的希腊文本中，每当爱若斯和希墨洛斯代表阿芙洛狄忒展现出来时，他们都被描绘成强大、具有侵略性甚至暴力的情欲攻击力量，接着是彻底的征服，对可怜的恋人造成身体伤害，使之陷入疯狂（古希腊诗学中关于情欲体验所造成的伤害的观念：Carson 1986；Cyrino 1995）。希腊抒情诗人尤其把情爱欲望视为一种不可抗拒的危险，认为它是一种意图敌对而结果又不可预测、最终具有毁灭性危险的现象。他们经常使

---

① pinax：指悬挂于坟墓和神庙的一种长方形扁平饰物。——译注

用战争、征服、囚禁、火灾、洪水、风暴、疾病、精神错乱,甚至死亡的隐喻来描述爱欲的发作。关于这种毁灭性欲望的概念,可引用活跃在公元前 6 世纪下半叶的西方希腊诗人伊比库斯(Ibycus)的诗句举例说明。在这首残诗中,伊比库斯将自然的宁静和季节规律与爱若斯反复无常的骚动进行了对比。

46
  春天的时候,

  在少女们的花园里,

  涓涓细流浇灌着

  库多尼安(Kydonian/Κυδώνιαν)的果树,

  葡萄藤的枝丫下

  生长着嫩芽,花开繁茂。

  然而,对我来说,

  爱若斯在任何季节都不眠不休,

  就像色雷斯的北风,

  闪着雷电,

  从阿芙洛狄忒那里

  带着灼热、黑暗且不受控制的疯狂疾驰而来,

  从深根里强行抽打着我的思想和心灵。

    (《残诗》286.1—13,米勒[Miller]译,1996)

对伊比库斯来说，爱若斯的打击就像一场炎热干燥的暴风雨、一场没有雨水缓解的雷暴，带来精神错乱和身体创伤。此外，在这节诗中，爱若斯直接源自阿芙洛狄忒并充当她的代理人；而在别处，他在他们的联合行动中明确充当盟友和同谋。在伊比库斯的另一首诗中，爱若斯用他黑暗的、诱惑的凝视，引诱心颤的情人进入阿芙洛狄忒无法挣脱的密网（残诗287）。爱若斯和阿芙洛狄忒都是魅力和诱惑的行家，他们的目的是爱欲 mixis/μίξις ［混合］，把情侣纠缠在一起，无论他们愿意与否。

欧里庇得斯的悲剧《希波吕托斯》（关于剧本：Barrett 1964; Goff 1990; Mills 2002）最能突出表现女神阿芙洛狄忒和她的同伴/同谋爱若斯之间多方面的、复杂的以及亲密的关系。在这部戏剧的叙述中，阿芙洛狄忒对情爱欲望的毁灭性本质和驱动力有惊人的揭露，她对禁欲的青年希波吕托斯施行报复——他对性的拒绝，否认了她的神力。这位女神使男孩的继母菲德拉（Phaedra/Φαίδρα）疯狂爱上他，由此开启了一条毁灭之路，导致希波吕托斯死于其父、雅典英雄忒修斯（Theseus/Θησεύς）之手；而菲德拉的自杀被认为是阿芙洛狄忒复仇造成的间接伤害。随着剧情的发展，当地合唱队的妇女们思考着情欲的反复无常，就像在这首合唱颂歌中，爱若斯被称为"宙斯的孩子"（534）。在这里，爱若斯被描述成是阿芙洛狄忒的弹药武器，以及她强大的天空弹药的热切供应者。

47　　爱若斯啊,眼里融入欲望的爱若斯,
　　　在向所有受害者灵魂里
　　　浇注甜蜜的喜悦时,
　　　永远不要到我这里来,
　　　如果不平静,就永远不要来;
　　　永远别搅乱我的思绪,
　　　与我共舞并不合时宜。
　　　燃烧的火之箭,或耀目的星之箭
　　　都无法与阿芙洛狄忒的箭相提并论;
　　　而这箭正从你的手中射出,
　　　爱若斯啊,宙斯的孩子。

（《希波吕托斯》523—534,斯沃利恩[Svarlien]译,2007）

在后来的一首颂歌中,《希波吕托斯》合唱队描述了阿芙洛狄忒和爱若斯如何在危险中联手统治整个世界。剧作家欧里庇得斯追随《荷马颂诗:致阿芙洛狄忒》的诗人,通过使用古风时代的极性表达来诠释女神神圣权威的范围。然而,他在这里扩充了描述,将有翼的爱若斯作为她的伙伴和她情欲控制的

热情代理人一起包含进来:他来回旋转飞行,俯瞰他们治域下波及广泛的整体。

> 阿芙洛狄忒啊,你左右着
> 众神和所有凡人
> 倔强的心,
> 沉醉在与你同行的那位
> 闪耀而迅捷的羽翼之下。他在大地上飞翔;
> 也飞掠过喧嚣四起的海面。
> 爱若斯啊,扑扇着闪耀金光的羽翼,
> 驱使每颗心都疯狂迷乱:
> 居于山间的野兽,游于海里的生物,
> 大地赋予万物生命,
> 艳阳高照世间一切,
> 以及每个人。
> 库浦里斯啊,你独自
> 掌控着万物。
>
> (《希波吕托斯》1268—1282,斯沃利恩[Svarlien]译 2007)

在早期希腊艺术和文学中,阿芙洛狄忒和爱若斯作为爱和性神相互联系，而她作为小男孩爱若斯母亲的通俗形象出现得相当晚，这显然是受了罗马诗人和艺术家的影响，他们创造了"母—子"二元形象，并使其在后世的西方文化中得以传承。如上所述，早期希腊诗人为爱若斯提供了几个不同版本的父母和宗谱，虽然没有真实的早期文本流传下来，从而明确将爱若斯与阿芙洛狄忒以母子关系联系起来；但是，由于希腊诗人倾向于将主神的次要特征描述为他们的随从或孩子，所以很有可能某个或某些诗人早期确实把爱若斯塑造成了阿芙洛狄忒的儿子。例如，一位评论家在后世希腊文本中指出，萨福在她的诗歌中把爱若斯塑造成阿芙洛狄忒和乌拉诺斯的孩子（忒奥克里托斯《〈第十三首牧歌〉评注》，[scholium on Theocritus, *Idyll* 13]）；如果准确的话，萨福可能结合了赫西俄德笔下的爱神的两个方面：爱若斯是宇宙元素，并且是爱神的近亲。后来另一个评论家引用了一对保存不善的联句，该句出自科俄斯岛的抒情诗人西蒙尼德斯（Simonides of Ceos，约公元前556年—前468年）之口；他称爱若斯是"残忍的孩子"（schetlie pai/σχέτλιε παῖ），是阿芙洛狄忒和她最爱的情人阿瑞斯的孩子（残篇575.1，罗德岛的阿波罗尼乌斯《〈阿耳戈英雄记〉评注》，3.26）。如果这段文字没有遭到毁坏，那么就如荷马《奥德修纪》第8卷所讲，这一血统会使爱若斯成为他的父母神圣通奸这一为人熟知故事所产生的后代。对于早期希腊人来说，这些不同的宗谱标志着爱若斯神话身份的复杂性。

然而，第一次清晰描述爱若斯作为阿芙洛狄忒之子的文字出现在《阿耳戈英雄纪》第3卷中，这是伊阿宋（Jason/'Ιάσων）寻找金羊毛的英雄故事，由罗德岛的阿波罗尼乌斯（Apollonius of Rhodes）在公元前3世纪亚历山大时期创作。第3卷讲述了主人公伊阿宋和控制魔法羊毛的国王埃厄忒斯（Aietes/Αιήτης）的女儿美狄亚（Medea/Μήδεια）之间的爱情故事。在书的开头，女神赫拉支持伊阿宋的追求，要求阿芙洛狄忒说服她的"儿子"pais/παῖς（赫拉在3.26，85和110处指定其相应的物主代词形式）向公主射出他无人能逃脱的箭，从而使公主对伊阿宋充满爱意，这样她就可以帮助他实现他的英雄目标。阿芙洛狄忒同意了，便哄骗她"贪婪的"margos/μάργος儿子（3.120）爱若斯完成这个任务，并许诺给他一个曾经属于宙斯小时候的神奇玩具——一个饰以金带和深蓝色螺旋线的圆球sphaira/σφαῖρα（3.135）。当它抛向空中时，会留下一条炽热的彗星轨迹（3.128—145）。诗人对圆球的详述使人联想到地球或宇宙的形象，圆球从奥林波斯的宙斯传到爱若斯，表明爱神明确渴望以至高神的身份统治整个宇宙——注意欧里庇得斯笔下的爱若斯是如何霸占整个地球的（《希波吕托斯》1272）。不出所料，面对这一贿赂，他欣喜又振奋。

49　　他扔下所有玩具，双手紧紧抓住女神长袍的一边；他恳求她立刻把球给他，当场就给。

她温柔地和他说话，捧起他的脸颊贴向自己，抱着他亲吻。她微笑着说：

"现在就以我的头颅和你那可爱的脑袋为证吧！我发誓，如果你用箭射中埃厄忒斯的女儿，我就把这礼物送给你，决不食言。"

听了这话，他收起他的指关节骨，仔细数了数，扔在母亲闪亮的膝上。

（《阿耳戈英雄纪》3.146—155，亨特［Hunter］译，1993）

这段引人入胜的文字概括了阿芙洛狄忒与爱若斯之间亲密复杂关系的诸多特征：他是她的同谋、consigliere［密士］，以及她深爱却被宠坏的孩子。对于古希腊作家和艺术家来说，阿芙洛狄忒和爱若斯代表着牢不可摧的联盟，他们通过说服、诱惑、强迫的手段，甚至在必要时使用武力来实现两性 mixis/μίξις［混合］——即身体的性交合。也许正是这种情爱欲望的好斗本性，以及人格化的爱若斯所体现的冲动好战，使得他在希腊诗歌中常被想象成战神阿瑞斯的爱子;同时,这也恰好暗示了阿芙洛狄忒与战争领域的联系。

战争

在理解阿芙洛狄忒本质的学术研究中,最具争议的话题之一是战争在塑造女神形象中发挥的作用,以及战争与爱和性等这些人们更熟知的受她影响和控制的领域之间的关系(最近,相关的广泛数据调查研究:Pironti 2007;Budin 2009)。虽然阿芙洛狄忒确实不像阿瑞斯或雅典娜那样被认为是战争之神,但她并未回避战区。在《伊利亚特》第5卷中,荷马讲述了阿芙洛狄忒为了救她的儿子埃涅阿斯而冲进特洛亚战场,而后被凶猛的希腊战士狄奥墨德斯攻击并打伤。

> 狄奥墨德斯知道
> 这是一位胆怯懦弱的女神,
> 她不是统率人类战争的女英雄——雅典娜,
> 不是劫掠城市的埃倪奥(Enyo/Ἐνυώ)。
> 当他在混战中赶上她时,
> 他拿着长矛向她猛扑过去,

50

> 刀刃刺伤她的纤细的手腕,
>
> 枪尖穿过美惠三女神为她织的芳香长袍。

(《伊利亚特》5.331—338,隆巴多[Lombardo]译,1997)

尽管狄奥墨德斯在这次交锋中战胜了阿芙洛狄忒,而她的父亲宙斯后来也提醒她,她的专长是爱欲,而非战争(5.426—430),但这里经常被忽略的一点是,阿芙洛狄忒是为了救她的儿子而甘愿卷入到这场血腥的战斗中。事实上,我们应该问一下,为什么爱神在战场上如此自在,为什么明知自己可能会输,却仍贸然卷入一场小冲突。在希腊神话中,阿芙洛狄忒最爱的情人是战神阿瑞斯:在《伊利亚特》第5卷的战斗场景中,她在受伤后,借着阿瑞斯的战车返回奥林波斯山(5.350—362);后来,在第21卷"诸神纷争"(Theomachia/θεομαχία)的场景中,当诸神互相残杀时,阿芙洛狄忒迅速帮助受伤的阿瑞斯离开了战场(21.416—417)。在希腊神话中,阿芙洛狄忒是铁匠之神赫菲斯托斯的妻子,赫菲斯托斯制造战争中使用的盔甲和武器,包括为战士阿喀琉斯特制新盾牌(《伊利亚特》18.478—608)。阿芙洛狄忒本人是希腊神话中最著名的军事战役——特洛亚战争的煽动者:正是她的神圣影响,促使帕里斯和海伦这对不洁的夫妇结合在了一起。因此,即使狄奥墨德斯认为她是"软弱的"analkis/ἄναλκις（5.331），但阿芙洛狄忒似乎确实在战场上有一些实战经验。

尽管有证据表明，古希腊宗教、艺术和文学中的形象塑造的确体现了阿芙洛狄忒与军事战争的联系，但毋庸置疑，这些线索往往模棱两可，甚至相互矛盾，因而容易引发学术上的猜测、议论及争辩。关于阿芙洛狄忒的军事性格问题的讨论，主要集中在如下方面：阿芙洛狄忒本人是否被描述成一位积极作战的战士，她是否鼓舞了其他战士，或可能将他们引入战场；同样，确定她神性特征中这些好战方面的可能或潜在来源，亦是挑战。一些学者认为，就算阿芙洛狄忒的确拥有好战的性格，那很大程度上也是一种残余物，因为阿芙洛狄忒一直受到近东性与战争女神对她起源的早期或后续影响，如伊诗塔（Flemberg, 1991）；根据这些学者的说法，阿芙洛狄忒后来被"剥夺"了军事战争的成分，成为唯一的爱神。还有一些学者认为，阿芙洛狄忒与军事战争的联系，直接源于她演变的希腊形象，即在爱欲中 mixis/μίξις［混合］——她是性暴力女神，掌管着身体的碰撞（Pironti 2007）。因此，就像确定阿芙洛狄忒的地理、种族和年代起源的难题一样，要确定她性格中明显的军事属性的最终来源，也并非易事。

一些证据表明，在阿芙洛狄忒的崇拜和圣地中可能存在军事战争因素，尽管证据大多都出现得相当晚（最近，有全面的数据调查和学术研究：Budin 2009）。例如，公元2世纪的游记家鲍萨尼阿斯曾三次提到希腊"武装的"（hoplismenē/ʹοπλισμένη）阿芙洛狄忒雕像，它们分别位于库特拉岛（《希腊纪行》3.23.1）、科林多（2.5.1）和斯巴达（3.15.10）。虽然鲍萨尼阿斯追随希罗多德（《历史》1.105）断言，库特拉岛从很久远的古代开始就是阿芙洛狄忒主要的崇拜中心；但他在描述了一个女神武装的 xoanon/ξόανον（木雕神像）之外，没有提供任何关于崇拜雕像的更详细信息。公元前146年，科林多被罗马人夷为废墟，公元前44年由尤利乌斯·恺撒（Julius Coesar）重建。在这里，鲍萨尼阿斯看到的可能是罗马女神及恺撒的神圣祖先维纳斯（Venus Victrix）的雕像，"她是那个征服者"，而非希腊女神阿芙洛狄忒的雕像。

在阿芙洛狄忒所有早期崇拜中，她最有可能在古风和古典时代的斯巴达表现出军事形象。除了鲍萨尼阿斯关于阿芙洛狄忒 ξόανον［木雕神像］的一份记载（3.15.10）之外，公元前3世纪（及以后）的一些希腊警句，也描述了斯巴达的阿芙洛狄忒的具体军事方面（例如《希腊诗选》9.320, 16.176）。更有趣的是，鲍萨尼阿斯描述了斯巴达另一座供奉阿芙洛狄忒·阿蕾亚（Areia/Ἄρεια）的神庙（3.17.5）。这种崇拜有来自古风时代晚期的独立碑文资料支持，表明阿芙洛狄忒在斯巴达被当作女性阿瑞斯，即"阿蕾亚"来崇拜。但目前尚不清楚的是，阿芙洛狄忒·阿蕾亚本人是作为一名持有武器的战士受到尊敬，还是在与她更好战的情人阿瑞斯的联合崇拜中受到尊敬。阿芙洛狄忒和阿瑞斯的这种联合崇拜，在希腊和克里特岛的其他地方都可以找到，但在这些崇拜中，阿芙洛狄忒并没有表现出明显的军事特征。事实上，学者们注意到，阿芙洛狄忒和阿瑞斯的联合崇拜，更像是通过"混合"的概念——身体的强烈融合——而将两神奉为相互冲突但又相互关联的爱与战争之力（Pirenne-Delforge 1994; Pironti 2007）。阿芙洛狄忒在某种程度上参与了战争，就像这对神圣情人在他们的神话和宗教崇拜的外表下表演的 mixis/μίξις [混合] 一样。

一些证据表明，在希腊一些早期遗址中，阿芙洛狄忒可能有某些军事化特征：例如，她的神圣雕像被描述为"尚武的"；她在斯巴达的崇拜是"阿蕾亚"。虽然我们承认，一些古希腊人可能已经在阿芙洛狄忒的神性本质中发现了她的好战元素，但她可能存在的军事属性，似乎最终也在她成为一位完全成熟的奥林波斯女神时被淡化了。在《伊利亚特》第 5 卷中，宙斯告诉她"战争不是你的专长"，但我们也看到，阿芙洛狄忒并未逃避战场。然而，无论古代考古和文学记载中有多少关于战士阿芙洛狄忒的暗示，大多数学者一致认为，崇尚军事的阿芙洛狄忒形象，并不代表流行的或传统的希腊神话中伟大的爱与性女神的形象。

小结

我们对阿芙洛狄忒最重要的权威领域——爱和性的研究，证实了她是一位拥有巨大力量和普遍力量的女神，她的影响力体现在她的绰号 Pandēmos/Πανδήμος ［潘德摩斯］和 Philommeidēs/Φιλομμειδής ［斐洛美德斯］上。阿芙洛狄忒激发了 mixis/μίξις ［混合］，她与 peithō/πειθώ ［说服］的概念和卖淫活动的联系，展示了古希腊人想象中她的神性的重要方面。最重要的是，阿芙洛狄忒与爱神爱若斯和希墨洛斯的关系，表明古希腊人对性的理解有着极其复杂的内在因素。正是这种强烈的 mixis/μίξις ［混合］渴望，将阿芙洛狄忒和她的情人阿瑞斯联系在一起，进而暗示这位爱欲女神可能具备好战的一面。这样一位神的座右铭就是：做爱与战争。

四、美丽,装饰,裸体

在这一章,我们将探讨阿芙洛狄忒作为古希腊美神的意义。我们将考虑她与身体吸引力概念相联系的各个方面,以及为了增强性吸引力而与美化和装饰过程的诸多联系。尤其是,我们将思考阿芙洛狄忒与黄金品质密切的肖像联系,思考她与黄金饰品及其属性,以及和珠宝的联系。本章也将考察,陪伴和围绕在阿芙洛狄忒身边的一些次要女神和神圣的人格化形象——她们把她装扮得像个充满活力的美丽花环。最后,我们将通过普拉克西特利斯(Praxiteles)的著名雕像"克尼多斯的阿芙洛狄忒"(the Aphrodite of Knidos)中的裸体艺术表现,思考裸体作为女神力量的表达和她身体美的重要维度来作为我们讨论的尾声。

美丽

古希腊作家和艺术家们把阿芙洛狄忒想象成女性美的化

身，因为她展现并证明了无与伦比的美，而这种美与她的神性全然不可分割地融合在一起。的确，所有希腊主要女神都被描绘成拥有美丽的体态且每个女神都具有增强她个人魅力的独特个性和多样属性：阿耳忒弥斯因她的身高而出众，雅典娜因她高贵的举止而出众，赫拉因她明亮的肌肤而出众（Friedrich 1978）。但用来表示"美丽"的标准希腊语形容词 kalē/καλή，尤属于阿芙洛狄忒。在希腊艺术、宗教崇拜、神话和文学的肖像学中，阿芙洛狄忒的形体美很多时候被描绘成"孕前"的女性形象：她的体型年轻、苗条、有活力、圆润，正处于女性身材的成熟完美巅峰时期，而没有更丰腴、更饱满的特征——这种特征往往意味着德墨忒耳（Demeter/Δημήτηρ）这样的母亲女神形象（Breitenberger 2007）。诗人萨福（约公元前 600 年）将阿芙洛狄忒描述为"苗条的"（bradina/βραδινά）女神（残诗102.2）。阿芙洛狄忒完全成熟的美，定义了女性在身上卓越的本质和理想的时刻，她象征着达到情欲吸引力和诱惑力的巅峰意味着什么。

阿芙洛狄忒作为性感美神的形象在早期希腊诗歌中得到了明确佐证，在那里，她那令人惊叹的身体特征，会使人产生近乎窥淫的兴趣。在早期诗歌和文本中，对阿芙洛狄忒之美的描述非常细致入微，并公开提到她身体属性方面的诸多优秀品质。

如果我们用传统解释来理解女神频繁使用的绰号 Philommeidēs/Φιλομμειδής，那么早期文本中常描述的女神脸上的微笑，就是一种能为其脸庞增添美感与性吸引力的诱人的面部表情：正如萨福所描述的女神的马车到来，"你不朽的脸上带着微笑"（诗篇1）。完美无瑕的阿芙洛狄忒在希腊诗歌中也经常被描述为拥有一双顾盼生辉的明眸、秀美的颈项和可爱的胸脯。根据诗人的说法，这些标志性的神祇特征是如此圣光四溢，如此地勾魂摄魄，即使女神乔装改扮，少数有洞察力的凡人也能即刻认出。正如在荷马《伊利亚特》第3卷中，阿芙洛狄忒巧妙伪装成一位妇人，企图引诱斯巴达女王与他的情人帕里斯上床，而海伦就辨认出了女神的身份。

> 她［海伦］知道
> 那明明是女神——那秀美的颈项，
> 极度诱人的乳房线条，
> 夺目的眼睛。她非常敬畏……
> （《伊利亚特》3.396—398，隆巴多［Lombardo］译，1997）

在这里，阿芙洛狄忒的颈项"无与伦比地秀美"（perikallēs/περικαλλέα, 396）；她的胸脯是如此可爱，能激发起"性"或"渴望"（himeroenta/ἱμερόεντα, 397）；她的眼睛简直"闪着火花"（marmairō/μαρμαίρο, 397）——这是希腊诗人在其他地方使用的动词，用来描述金属闪烁的光（阿喀琉斯的新盔甲：《伊利亚特》18.617），或者宇宙现象的微光（宙斯的雷电：赫西俄德《神谱》699）。因此，阿芙洛狄忒的美不仅经由诗人直白的文字描写得到体现，同时也表现在她对观者的影响之中：她的超自然之美能唤起观者的欲望，她闪闪发光的神性使观者眼花缭乱。

在《奥德修纪》第 18 卷中，荷马描写了奥德修斯的妻子伊萨卡（Ithaca）女王佩涅洛佩（Penelope/Πηνελόπη）出现在求婚者面前的情节，凸显了描写阿芙洛狄忒与美貌之联系的专一倾向性。佩涅洛佩的女仆建议她沐浴化妆、改善容颜，以吸引聚集在大厅里的贪婪的男人们，而佩涅洛佩拒绝了这个提议；但雅典娜女神介入了这件事情，趁女王睡着时用属于阿芙洛狄忒的"不朽之美"美化了她（kallei...ambrosiōi /κάλλεϊ... ἀμβροσίῳ, 192—193）。

> 然后，闪耀的女神［雅典娜］开始为她的［佩涅洛佩］化妆，
> 为了让所有的男人都惊异。
> 首先，她清洗了她美丽的容颜，使用
> 能让人纯净又变美的神油，那是阿芙洛狄忒

经常涂抹的神油,每次她都戴上花环,

参加美惠三女神欢娱迷人的舞蹈。

然后她让她看起来更高挑,让她的身材更丰满,

使她的肌肤比擦亮的象牙还要白皙。

(《奥德修纪》18.190—196,隆巴多[Lombardo]译,2000)

目前尚未廓清这段文字提到的阿芙洛狄忒的"不朽之美"(192—193)是否意味着美(κάλλος)的抽象概念,女神乐于将其赐予她所宠爱之人;或一些更有形的物质,就像恢复元气的香脂或油膏一样,比如被用在阿芙洛狄忒引诱特洛亚的牧牛人安喀塞斯之前,在塞浦路斯圣所里,美惠三女神给她涂抹的"不朽神油"(elaiōi ambrotōi/ἐλαίῳ ἀμβροιω:《神谱》69)——事实上,如今许多现代女性相信具有治愈、美容和抗衰的"不朽"功效的面霜和药膏。然而,阿芙洛狄忒的"不朽之美"似乎是其他人可以借用涂抹的,就像雅典娜在这一卷中所做的那样,目的是增强佩涅洛佩的身体诱惑力,让求婚者充满性欲;类似的"借用"事件也发生在《伊利亚特》第14卷中 Dios Apatē/Διὸς Ἀπάτη 一段,女神赫拉精心装饰自己来勾引她的丈夫,然后,她请求阿芙洛狄忒借给她神奇的爱欲符咒,一个戴在乳房下面的装饰腰带(kestos himas/κεστὸς ἱμάς,14.214—215),作为

她提高性吸引力的画龙点睛之笔。无论这种不朽之美的确切性质及其应用方式是什么，《奥德修纪》中对佩涅洛佩具体特征的美化的逐一列举，都与希腊诗歌中其他地方直接列举的阿芙洛狄忒的身体属性有密切关联。在女神之美的润泽下，佩涅洛佩的身材变得更高挑圆润（makroterēn kai passona/μακροτέρην καὶ πάσσονα, 18.195），同时她的身体表面焕发出白炽的光泽（"更白……比起擦亮的象牙"leukoterēn...pristou elephantos/λευκοτέρην...πριστοῦ ἐλέφαντος, 196）。因此，对其外貌的露骨描写，是阿芙洛狄忒文学形象的一个特征，也是那些被她祝福的凡人女性的特征，尽管她们只是暂时拥有她的美。

但如果要赞颂一个凡人女子美貌至极，即使描写本身并不细微，希腊诗人也会把她比作阿芙洛狄忒。为了做到这一点，诗人经常使用含有女神独特称号"金色的"（χρυσή）这一固定短语。这一称号明确触及阿芙洛狄忒的外形，而"金色的阿芙洛狄忒"这个短语经常应用在强调她美丽的语境中（Boedeker 1974：更多关于这个绰号的含义见下文）。因此，这句话在史诗文本中恰巧作为颂扬凡人女性美的一种传统方式出现。例如，在《奥德修纪》第4卷中，荷马描述了海伦的"可爱女儿"赫耳弥奥涅（Hermione/Ἑρμιόνη），她在她的婚礼上"有着金色的阿芙洛狄忒的容貌"（4.13—14）。在《奥德修纪》的某处，在上述神圣的美化场景前后,佩涅洛佩两次被描述为"看起来像金色的阿芙洛狄忒"(17.37, 19.54)。在《伊利亚特》中,被俘的女孩布里塞伊斯回到了勇士阿喀琉斯身边,被描述为"长得像金色的阿芙洛狄忒"(19.282)。史诗的结尾,特洛亚公主卡珊德拉(Cassandra/Κασάνδρα)被描述为"看起来像金色的阿芙洛狄忒"(24.699)。早些时候,在《伊利亚特》第9卷,阿喀琉斯愤怒地转述了这个说法,他拒绝了希腊的赎金礼物,特别是拒绝了与阿伽门农结成同族联盟的提议:"我不会娶阿伽门农的女儿为妻,阿伽门农是阿特鲁斯(Atreus)的儿子,即使她在美貌上可以与金色的阿芙洛狄忒媲美。"(9.388—389)因此,在《伊利亚特》第3卷"特洛亚城墙上观望"(Teichoskopia/τειχῶ σκουριά)中有这样一段插曲:当海伦穿着精美的白色亚麻长袍出现在特洛亚城墙时,特洛亚的长老们认为,她的面容与不朽的女神惊人地相似(3.158)。他们指的是哪位女神,我们都心知肚明。

装饰

作为女性美的缩影,阿芙洛狄忒毫不费力地扩大了她的神圣影响,包括使用身体装饰来增强性吸引力和实现爱欲目标。

因此，女神可以说象征着"为某种目的而增强美"的概念。希腊作家和艺术家经常在 kosmēsis/κοσμήσις 即"装饰"（adornment）场景中描述阿芙洛狄忒，表明这位女神通过各种手段来装饰她的面容、身体和头发——如精美的衣服、珠宝、发带、香水和化妆品等，以此来增强她高贵的自然美。这些增强被称为 kosmos/κόσμος，即"有序、整理、装扮、化妆"，它们通常属于女性形象（例如，与赫拉的装饰有关的 κόσμος：《伊利亚特》14.187；潘多拉的衣着：赫西俄德，《劳作与时日》76）；并且我们可以注意到，希腊词 κόσμος 明显是现代词"化妆品"的来源。此外，这种描述阿芙洛狄忒的场景，经常出现在关于诱惑和爱欲追求的叙述中，强调了她作为爱欲女神的职能，因此，爱/性与美/装饰这两个概念，在古希腊人的想象中是紧密相连的。

阿芙洛狄忒的个人装饰场景出现在一些早期希腊文本中，这些文段清楚展现了对装饰样式细节丰富详尽的关注。《荷马颂诗：致阿芙洛狄忒》（颂诗5）大概创作于公元前7世纪后期，它提供了早期希腊文学中对阿芙洛狄忒装饰最引人注目的描述（最近，相关的学术彻查：Faulkner 2008）。在这篇颂诗的叙述中，诗人描述了阿芙洛狄忒如何被特洛亚的牧牛人安喀塞斯的欲望征服：在特洛亚的伊达山上第一次见到他后，这位女神直接前往塞浦路斯岛神庙准备勾引他（53—57）。学者注意到，这首关于阿芙洛狄忒 κοσμήσις［装饰］场景的颂诗，设置在她位于帕福斯岛的神殿中，诗中叙述了女神正在行使她独特的神力吸引和诱惑，并且一些学者认为，这种文学上的神显甚至可能在许多方面反映了真实的崇拜仪式（最近，广泛的证据调查：Breitenberger 2007）。在她最喜欢的岛屿圣所，在她的特别随从的簇拥下，颂诗将女神阿芙洛狄忒绝佳的诱惑与情色之美展现得淋漓尽致。

> 位于帕福斯的库浦里斯神殿，焚香缭绕，
> 以她的圣地和香坛为特色。
> 她走了进去，关上明亮的门。
> 在那里，美惠三女神为她沐浴按摩，
> 给她抹上一种能在不朽者身上绽放的神油——
> 她随身带着这甘甜无比的天香。
> 现在，爱寻欢的阿芙洛狄忒
> 在各式华服与金饰的装扮下，
> 离开了芳香的塞浦路斯——直奔特洛亚。
>
> （《荷马颂诗》5.58—66，鲁登［Ruden］译，2005）

但是，关于她的华丽装饰的最详细描述，直到在阐述它对

凡人安喀塞斯的影响才在文本中出现。为了激起男人的欲望、减轻他的恐惧，阿芙洛狄忒巧妙地伪装成一个年轻的凡人处女（81—83）。在这一刻，在人类面前，所有阿芙洛狄忒曾被描绘在帕福斯神庙中的 κοσμήσις［装饰］，都在安喀塞斯的感知中被放大，而她的每一件闪闪发光的珠宝都得到了特别强调。

> 安喀塞斯惊讶地打量着她：
> 如此高挑，身材匀称，穿着光彩照人！
> 那件长袍比火光还要耀眼，
> （上面扣着）盘状胸针，还戴着花状的明闪耳环。
> 她的玉颈上佩戴着秀丽珠宝——
> 由黄金打造，精致华丽。
> 当月亮的光辉照耀之时，
> 她的酥胸也奇妙地闪烁着光芒。
>
> （《荷马颂诗》5.84—90，鲁登［Ruden］译，2005）

在这个场景中，女神神显的主题与装饰母题联系在一起，就像阿芙洛狄忒在安喀塞斯面前展现的那样，她是一个朦胧似神的少女，有着精心打扮、令人印象深刻的美貌。阿芙洛狄忒的奢华装扮，就像她的脸蛋和身体在精巧饰品下显露出的纯粹可爱一样,在被敬畏的观者感知的瞬间,越发显现在诗意的描述中。因此,在《荷马颂诗》第5首中,身姿美丽、缀以装饰的女神在她的情人面前神显,并非仅仅是个引人入胜的传说;叙事通过描绘她掌控的专属领域——魅力、怂恿和诱惑,定义她作为神祇的特殊职能,从而强调了阿芙洛狄忒的神力。

另一个装饰场景内嵌在《荷马颂诗》第6首,阿芙洛狄忒从海中诞生的描述中。在这首短小的颂诗的开篇,诗人召唤在原始岛屿环境中生活的女神:"我将歌唱戴着金冠、美丽可爱的阿芙洛狄忒,塞浦路斯雉堞的尊贵主人,坐落在海洋之上,阵阵潮湿的西风和轻柔的浪花将她送到海里。"(《颂诗》6.1—4,Ruden译,2005)。正如赫西俄德讲述的诞生故事那样(《神谱》188—206),女神到达海滩的那一刻,就被赋予了超自然的力量。接下来是一群随行的次要女神对阿芙洛狄忒的穿着和精美装饰的细致描述——在这里,阿芙洛狄忒从水中出现后,荷莱(Horae/Ὧραι)或称时序三女神就承担了她分配的美丽、装饰和情色诱惑的属性。

> 在岸边,头戴金饰的时序三女神
> 高兴地迎接她,为她穿上圣袍,
> 给她永生的头上戴上精工细雕的金冠;

在她已经穿孔的耳朵上戴上耳环:
用稀罕的黄金和山铜编成花冠。
在她娇嫩的颈项、银白的乳房上方
戴上金项链,就像与时序三女神
为自己装扮一样,她们会戴着金冠
来到天父家里,参加华丽的舞会。
在她们把她打扮完美后,
就立即把她带到诸神面前,诸神欢迎她,
每位神都与她握手,每位神都祈祷着
娶她回家做自己的合法妻子:他们都大为惊奇
陶醉于这位戴紫罗兰花冠的库特瑞娅的美丽当中。

(《颂诗》6.5—18,鲁登[Ruden 译],2005)

就像第 5 首颂诗中的安喀塞斯一样,第 6 首颂诗结尾提到的诸神,都被阿芙洛狄忒的美丽和装饰所打动,并立即渴望占有她。这两首颂诗都详述了阿芙洛狄忒美丽的服饰和珠宝,并着重介绍了这位精心打扮的女神身上散发的耀眼光芒。读过古风时代希腊诗歌的人会认识到,这种光芒(luminosity)作为一种传统的文学母题会出现在神显场景中,而闪耀的光辉是贯穿希腊神话和文学中美丽个体的常见特质。在颂诗中,阿芙洛狄忒的光辉源于她不朽的美，这种美又被她所拥有的货真价实的金饰宝箱放大——里面的金属饰品大部分由黄金制成。事实上，这些关于装饰华丽的阿芙洛狄忒的叙事描写，可能与女神在古人眼中的形象是相符的。在希腊艺术中，无论是花瓶画和雕塑，还是硬币肖像，上面的阿芙洛狄忒都经常佩戴大量珠宝：耳环、项链、手镯和各式各样的发带（例如希腊艺术中描述的女神装饰：Faulkner 2008；Karageorghis 2005）。一些学者还注意到，关于阿芙洛狄忒装饰的文学描述，可能暗示其与宗教形象的 κοσμήσις 有相似之处。为此他们引证了自古风时代起的众多碑文，记录了用彩色油漆或金箔、明亮的织物、镀金的王冠和各种珠宝装饰祭祀雕像所需的材料和劳动力成本（最近，有全面总结的证据：Breitenberger 2007）。因此，如颂诗所述，阿芙洛狄忒的装饰是她神圣意义的有形体现，意在展示她的神力，定义她美丽与诱惑的领域。

除了这两首颂诗，阿芙洛狄忒关于 κοσμήσις 的母题也在《奥德修纪》第 8 卷、吟游诗人的歌（8.266—369）中短暂出现过。她与阿瑞斯幽会时被她的丈夫赫菲斯托斯发现，在同时被其他奥林波斯的男神目击后，阿芙洛狄忒退避到她最喜欢的岛屿圣所，在那里进行舒缓的沐浴按摩，以此恢复她的美丽与活力。

爱欢笑的阿芙洛狄忒,

[前往]塞浦路斯的帕福斯,那里有她的领地

还有烟云缭绕的香坛。美惠三女神在那里

为她沐浴,给她抹上神油——

能使永生诸神的皮肤闪闪发光。

再给她穿上华服,

看起来惊艳绝伦。

(《奥德修纪》8.362—366,隆巴多[Lombardo]译,2000)

《奥德修纪》这一片段详细回顾了上文讨论过的第5首颂诗,这两段都描绘了女神前往那座香云缭绕的帕福斯神殿,并且招来卡里忒斯或美惠三女神服侍她。在每个片段中,叙述的重点都是沐浴场景,并有三个相应的特点:沐浴(lousan/λοῦσαν,《颂诗》5.61;《奥德修纪》8.364)、涂抹神油(chrisan elaiōi ambrotōi/χρῖσαν ἐλαίῳ ἀμβρότῳ《颂诗》5.61—62;《奥德修纪》8.364—365)、穿上新衣(heimata kala/εἵματα καλά,"衣着得体"《颂诗》5.64;heimata epērata/εἵματα ἐπήρατα,"衣着华丽"《奥德修纪》8.366)。这两段在轮廓和措辞上的呼应,可能是描述阿芙洛狄忒沐浴的一种常见的史诗原型,而学者们也注意到,沐浴本身就是史诗中一种常规的"场景类型"(Faulkner

2008)。文本的相似性也可能表明，描述阿芙洛狄忒在她的塞浦路斯圣所沐浴更衣是一个传统的史诗主题。此外，就像关于阿芙洛狄忒 κοσμήσις 的文学描述可能反映了女神在宗教形象中的表现一样，沐浴、涂油和更衣的情节也可能暗示了古风时代及以后女神节日庆祝中真实进行的宗教仪式（Breitenberger 2007）。但从主题上讲，这两段都揭示了截然不同的情境：与颂诗中让女神准备好接受诱惑不同，《奥德修纪》中的沐浴场景出现在阿芙洛狄忒与她的情人发生性关系之后。然而，不可否认的是，这两段都发生在爱欲背景下，因此都是爱与吸引女神阿芙洛狄忒的力量表达。

作为一个反复出现的情境，此举例证了阿芙洛狄忒追求与征服情欲的神圣活动。学者们观察到，κοσμήσις 或"装饰"场景，在主题和叙事上，与传统史诗对战士武装的描述产生共鸣：例如，《伊利亚特》第 19 卷（19.364—391）写到，阿喀琉斯在最后的战斗狂欢中为他的 aristeia/ἀριστεῖα［最佳状态］作准备（Podbielski 1971; Clay 1989; Smith 1981）。其他学者认为，将 κοσμήσις 场景作为一个母题，在近东文学中有明显相似之处，这表明关于希腊的阿芙洛狄忒的神话传说可能在早期就受到来自东方的文化物质传播影响（最近，相关的证词概述：Faulkner 2008; Budin 2003; West 1997）。例如，近东神话故事描述了苏美尔的爱神伊南娜在引诱凡人牧羊人杜穆兹（Dumuzi）之前如何沐浴、涂油，并在全身佩戴珠宝。在近东的《伊诗塔下凡至冥间》（*Descent of Ishtar to the Netherworld*）的文本中，穿戴好衣服和珠宝饰品的爱神伊诗塔在下临到冥间时脱下身上的衣服与饰品，然后在她返回到凡间时，再将它们逐个穿戴回去。因此，可以说，阿芙洛狄忒的装饰，以及与之伴随的神显，具有多重交织的职能和意义。在叙述层面，κοσμήσις 场景为女神诱惑成功与否作足了准备，就像荷马颂诗第 5 首中凡人牧牛人安喀塞斯的例子，以及荷马颂诗第 6 首中渴望她的诸神一样；在《奥德修纪》得摩多科斯的歌中，κοσμήσις 发生在她与情人阿瑞斯幽会之后。最重要的是，装饰场景划分并确立了女神爱欲吸引的特定领域，同时生动展示了女神融合了爱欲、美丽、装饰和性诱的神力。

花环和镜子

除了精美的衣装和闪闪发光的珠宝，阿芙洛狄忒，这位"因某种目的而强化美"的女神，与她个人装饰中的许多其他属性和物品，如花环、鲜花、水果、香水和熏香，都有密切联系。这些物品的共同之处在于它们在颜色、味道、香味、魅力、甜度等方面都具有吸引人的特质，并且用这些使感官满足的物品装饰头部和身体时会让全身愉悦。

图 4.1：照镜子的阿芙洛狄忒，红绘花瓶（Aphrodite with mirror, Red-figure vase, Sicilian, *ca.* fourth century BC, The Art Archive/Archaeological Museum Syracuse/Gianni Dagli Orti）

作为增强美丽与魅力之神圣力量的有形象征，阿芙洛狄忒的传统花卉和芳香属性代表了吸引性伴侣所使用的方法和手段。有一首遗失的史诗名为《塞浦路亚》（*Cypria*），可能创作于公元前7或前6世纪,残篇讲述了特洛亚战争之前发生的系列事件,其中诗人描述了阿芙洛狄忒的 κοσμήσις[装饰],并特别关注了她装饰的华丽本质。

63　　她穿上美惠与时序女神为她编织的,着染了春天繁花的长袍——就像时序三女神衣服上的繁花一样——上面有番红花、风信子、繁盛的紫罗兰和娇艳的玫瑰,还有天上的花蕾,水仙和百合,无比的甜蜜芬芳。阿芙洛狄忒一年四季都穿这种香气四溢的长袍。

爱欢笑的阿芙洛狄忒和她的侍女们,用大地的花朵编织出馥郁芬芳的花冠,戴在她们的头上——那些发饰亮丽的女神、宁芙仙女及美惠女神们,还有金色的阿芙洛狄忒,她们在多泉的伊达山上甜蜜地歌唱。

(《塞浦路亚》残篇 6.1—12,

埃弗林·怀特[Evelyn-White]译,1936)

正如前文所言,诗人在《塞浦路亚》列出了一系列美丽之物,在一种近乎魔咒的层次效果中突出了女神活力四射的外表。在《塞浦路亚》残篇中,阿芙洛狄忒的衣服注入了繁花的芳香精华——番红花、风信子、紫罗兰、玫瑰、水仙和百合,而这几种花在其他希腊文学和艺术中描绘女神时也曾出现过。读者会注意到，在早期希腊诗歌里，各式各样的鲜花是爱欲场景的传统特征：例如，《伊利亚特》第 14 卷中 Dios Apatē/Διὸς Ἀπάτη 一幕，赫拉和宙斯在露水晶莹的花坛上做爱，花坛上满是露水打湿的鲜花——莲花、番红花和风信子（14.346—351）；在《荷马颂诗：致德墨忒耳》中，女神的女儿佩耳塞福涅（Persephone/Περσεφόνη）被多情的冥王俘获，当时她正在一片茂盛的花田中玩耍，花田中有风信子、紫罗兰、鸢尾、番红花、玫瑰和水仙（颂诗 2.5—9）。正如鲜花可以唤起情色文学的语境，学者们观察到阿芙洛狄忒本身就与许多鲜花乃至各种水果有关（关于女神的这一维度：Friedrich 1978）。如上述，甚至她的一些珠宝也是花的形状（kalukes/κάλυκες "花蕾"，颂诗 5.87；anthema /ἄνθεμα "繁花"，颂诗 6.9）。

在最早的文献中，玫瑰（希腊语为 rhodon/ῥόδον）尤其与阿芙洛狄忒有关：在《伊利亚特》结尾，为保护赫克托耳的身体，她使用了玫瑰神油（rhodoenti elaiōi ambrotōi/ῥοδόεντι ἐλαίῳ ἀμβροσίῳ，23.185—187）；古风时代的诗人伊比库斯为了赞美一位英俊的青年，曾写过一段诗，说阿芙洛狄忒 "在玫瑰花丛中" 滋养他（rhodeoisin en anthesi/ῥοδέοισιν ἐν ἄνθεσι，残篇 288.4）。古希腊游记家鲍萨尼阿斯证实，玫瑰和桃金娘树对阿芙洛狄忒来说都是圣物，因为它们都与她的凡间情人阿多尼斯（Adonis/Ἄδωνις）的故事有关（《希腊纪行》6.24.7）。有时与阿芙洛狄忒联系在一起的花是百合和罂粟，后者可能由于其麻醉作用，能唤起性魔力。此外，据说石榴也是阿芙洛狄忒的果实之一，或许是因为它无数的红色种子暗示着性欲与生殖。在《荷马颂诗：致德墨忒耳》(*Homeric Hymn to Demeter*)中，佩耳塞福涅在冥间吃石榴种子，这是她不可逆转地获得性知识的象征（颂诗2.411—413）。在古代，妇女明确使用石榴（以及薄荷油）作为避孕药物以防止生育，甚至将之作为堕胎药物来使用——这可能表明了阿芙洛狄忒对非母性性行为的影响，因为佩耳塞福涅没有孩子（Rayor 2004）。但阿芙洛狄忒最重要的水果是苹果，它象征着她在帕里斯裁决的神话选美比赛中获得的胜利，胜者奖杯上刻有"致最美者"的字样。在古希腊社会，苹果是最典型的爱欲信物。

阿芙洛狄忒与鲜花的关联自然而然地延伸到她与花冠或花环的图像关联。《塞浦路亚》残篇中描述了阿芙洛狄忒和她的随从如何将鲜花编成"馥郁芬芳的花环"（stephanous euōdeas/στέφανος εὐώδεας, 9）；事实上，一些文学术语使用stephanos/στέφανος"花环"这个词来表明阿芙洛狄忒与色彩鲜艳的芳香花环有密切关联（Boedeker 1974）。虽然一些学者认为这是阿芙洛狄忒与生育相关的一个例子,但这也可能是她作为美丽和装饰女神形象的一种表达——佩戴花环使得她能够用香味和色彩增强吸引力。阿芙洛狄忒有一个绰号为 eustephanos/εὐστέφανος,即"发环美丽",通常在早期希腊诗歌的诗尾出现,与绰号库特瑞娅相连,即 eustephanos Cythereia/εὐστέφανος Κυθέρεια,意为"发环美丽的库特瑞娅"(《奥德修纪》8.288, 18.193;《神谱》196, 1008;《荷马颂诗:致阿芙洛狄忒》:颂诗 5.6, 175, 287);而在史诗中,εὐστέφανος[戴花环的]这个绰号作为阿芙洛狄忒的名字仅在吟游诗人得摩多科斯开始他的吟唱之时使用过一次(《奥德修纪》8.267)。阿芙洛狄忒和其他女性形象共用 εὐστέφανος 这个绰号,尤见于《荷马颂诗:致德墨忒耳》中称呼德墨忒耳女神时(颂诗 2.224, 307, 384, 470;以及《劳作与时日》300)。在希腊诗歌中,有两处由 στέφανος 复合成的词,其中作为阿芙洛狄忒的绰号仅出现过一次,即 philostephanos/φίλος στέφανος,意为"爱的花环"(《荷马颂诗:致德墨忒耳》:颂诗 2.102);另一处在以库特瑞娅为名的诗中出现过 iostephanos/ιοστέφανος,即"紫罗兰花环"(《荷马颂诗:致阿芙洛狄忒》,颂诗 6.18)。阿芙洛狄忒的文学绰号表明她与花环相关,而这也对应着她与花的普遍联系,二者都对其"装饰女神"的形象起到补充作用。

当然，香味是花和花环的一个重要特征。学者注意到，熏香和香水的香味，在文学、神话和对阿芙洛狄忒的崇拜中扮演着重要角色（最近，通过广泛调查的证据：Pirenne-Delforge 1994）。在早期的希腊诗歌中，一种诱人香气的感觉通常指神的居所，比如奥林波斯山，它通常被称为"芳香的"thuōdēs/θυώδης（颂诗 2.331；颂诗 4.322）；甜美的气味也可能暗示一位魅惑美女的存在，例如，海伦的卧房被称为"芳香的"θυώδης（《奥德修纪》4.121），宁芙仙女卡吕普索（Calypso/Καλυψώ）为她的情人奥德修斯沐浴时给他穿上"芳香的衣服"heimata thuōdea/εἵματα θυώδεα（《奥德修纪》5.264）。对阿芙洛狄忒来说，香味暗示神圣和爱欲背景，模糊了 mixis/μίξις［混合］女神独特激发的两种界限。第 5 首荷马颂诗在描述阿芙洛狄忒诱惑安喀塞斯之前的 kosmēsis/κοσμήσις［装饰］时，反复强调香味的属性（Faulkner 2008）：她位于帕福斯的神庙、辖区和祭坛都是"芳香的"θυώδης（颂诗 5.58—59）；美惠三女神涂抹在她身上的神油是"芳香的"tethuōmenon/τεθυωμένον（63）；阿芙洛狄忒装饰完毕后，整个岛屿散发出一种精致的芳香，euōdea Kupron/εὐώδεα Κύπρον（66）。在《塞浦路亚》残篇中，阿芙洛狄忒的衣服也充满了花香（tethuōmena heimata/τεθυωμένα εἵματα, 7）。在一首 Kletic［感召］颂诗残篇中，萨福把阿芙洛狄忒召唤到她在克里特岛上的神庙，并描述了她在一个神圣的苹果树林中的场景——那里盛开着玫瑰和春天的花朵，祭坛上弥漫着扑鼻的"乳香"libanōtos/λιβανωτός（残篇2.4）。据一些学者所说，在后来的希腊化时代，阿芙洛狄忒还与没药、肉桂、丁香、桂皮和茴香等更特殊的植物气味有关（关于香味与阿芙洛狄忒和阿多尼斯神话之间的联系：Detienne 1972）。香味是女神神圣、美丽及魅力因素的重要组成部分。

在后来的希腊诗歌和艺术中，阿芙洛狄忒与镜子联系在一起也不足为奇。作为女神的象征，镜子囊括了阿芙洛狄忒的美丽外表被其他人感知时神显和认知的强大时刻，就像在荷马颂诗第5首中安喀塞斯第一次看见她时一样（颂诗5.84—90）：在那感知的瞬间，女神的神性就显现出来了。在后世的希腊艺术中，镜子成为美丽和装饰女神阿芙洛狄忒最重要和最传统的象征之一。有一件被认为出自画家皮东（Python，约公元前360—前340年）之手的佩斯坦（Paestan）红绘萼形双耳喷口杯（kalyx krater），上面描绘了衣着华丽的阿芙洛狄忒，她戴着珠宝——耳环、项链、手镯和镶满宝石的头巾，一只手俏皮地搭在臀部，另一只手举着镜子，欣赏着自己那迷人的容貌。镜子已经成为女神一个公认的象征。1651年罗马剧院附近发现了阿尔勒（Arles）的阿芙洛狄忒，这尊大理石雕像有真人大小，大概可以追溯到希腊化晚期（Havelock 1995）。法国雕刻家修复了她的手臂，在她的一只手上放了一面镜子，另一只手上则放了一个苹果。

在更早期的希腊时代，阿芙洛狄忒可能与镜子有关是因为镜子由青铜制成。青铜是一种主要由铜和一些其他金属添加剂（通常是锡）组成的金属合金，而塞浦路斯岛上的铜储量十分丰富，因而铜与阿芙洛狄忒联系在了一起。而铜的玫瑰色金属光泽也能使人联想起那位珠光宝气的女神的光彩。这个被称为"维纳斯之镜"（Venus mirror）的符号，由一个圆圈下面加一个十字组成，它在生物学中象征着女性，在天文学中象征着金星，而在元素周期表中则代表化学元素，铜。英语单词"铜"也与拉丁词 *cuprum* 有关，意为"来自塞浦路斯的金属"。许多从古代特别是从公元前4世纪流传下来的铜镜，都刻有阿芙洛狄忒的描绘，她是一位美化装饰女神，有时独自一人，有时与爱若斯或潘（Pan/Πάν）等其他人物一起，同时伴有一些情色或化妆场景。镜子通常供奉在阿芙洛狄忒的神庙和圣所，有时也会作为妓女的专用镜，例如科斯的斐勒塔（Philetas of Cos，约公元前4世纪）撰写的题词就记录了曾经的交际花尼基娅（Nikias）和她的凉鞋以及一束长发，还有"从未对她撒过谎的铜镜"（诗88，《希腊诗选》6.210, Rexroth 译，1999）。另一个为女性

装束题献的例子,是塔伦图姆的诗人勒翁尼达斯(Leonidas of Tarentum,约公元前3世纪)所作的讽刺短诗:

(献上)银色的爱神(雕像),一个脚镯,

她的女恋人的紫色卷发,

她那半透明的胸衣,

她的青铜镜子,还有那把宽齿梳,

用黄杨木制成,用以束起她的鬓发,

卡莉克莱娅(Kallikleia)将这些挂在

守信的库浦里斯神殿的门廊上,

感谢她实现了她的心愿。

(诗46,《希腊诗选》6.211,瑞克斯罗斯[Rexroth]译,1999)

阿芙洛狄忒与kosmēsis/κοσμήσις[装饰]的肖像学关系,特别是她的头发和头部,以及她与花环和王冠的象征联系,可能也与后来希腊诗歌和艺术中普遍存在的梳头场景有关。由罗德岛的阿波罗尼乌斯在公元前3世纪的亚历山大创作的《阿耳戈英雄纪》,其书第3卷讲述了伊阿宋寻找金羊毛的故事。在书中,当赫拉和雅典娜前来寻求帮助时,阿芙洛狄忒优雅地梳理着自己的头发:

> 她(阿芙洛狄忒)把头发披散到白皙的两肩,用一把金梳梳理着,准备编成长辫。当她看到面前的两位女神时,便停了下来,请她们进屋,然后从座椅上起身,请她们坐在长椅上。然后她又坐了回去,把还没梳完的头发盘了起来。她微笑着,狡黠地恭维她们。
>
> (《阿耳戈英雄纪》3.45—51,亨特[Hunter]译,1993)

学者们注意到,阿芙洛狄忒梳头的文学形象可能得益于女神的艺术描绘(Hunter 1989)。从公元前4世纪后期开始,希腊艺术中对阿芙洛狄忒梳妆、洗发或拧发等场景的描绘逐渐变得丰富起来。从希腊化晚期开始,Anadyomenē/Ἀναδυομένη,即"从海中崛起的"阿芙洛狄忒雕像达到了艺术流行的顶峰(Havelock 1995)。例如,在蹲着的 Ἀναδυομένη 这一类型中,罗德岛秀丽的阿芙洛狄忒(Aphrodite of Rhodes),这位裸体女神呈现为跪姿,她伸出双手,将长卷发披散到头的两侧。Ἀναδυομένη 的其他形象,都是半遮半露的裸体,展示了阿芙洛狄忒将双臂伸到她的长发上的情景,她似乎要将长发缠绕成粗绳状——为了挤出头发中的水分,或者将头发编成辫子。阿芙洛狄忒 Ἀναδυομένη 雕像中所描绘的梳洗头发的活动,显然与赫西俄德讲述的女神从海洋的泡沫中诞生的神话有关(《神谱》188—206),与此同时,这些图景唤起了她与 κοσμήσις(装饰)和美化的特定联系。正如我们在上文的讽刺短诗中所见,梳子和一绺头发在美丽与装饰女神阿芙洛狄忒的庙宇和神龛中,都被证实是与她相适配的供奉物。

具有黄金特质的

阿芙洛狄忒明亮美丽的一个关键特征是"具有黄金特质"。

图 4.2:罗德岛的阿芙洛狄忒,希腊化时代的大理石雕像(Aphrodite of Rhodes, Hellenistic Greek marble, *ca.* second century BC, The Art Archive/Archaeological Museum Rhodes/Gianni Dagli Orti)

在古希腊诗歌中，特别描述阿芙洛狄忒为 chruseē/χρυσή "金色的"（golden），而"具有黄金特质"（goldenness）品质是她内在永恒的特征。据说在希腊诸神中，无论男神还是女神都拥有黄金的物品和属性；因此，由 chrus-/χρυσ-"黄金"与另一元素组成的复合词经常伴随他们一同出现，例如金凉鞋、金王座、金权杖和金弓，但只有阿芙洛狄忒本身就是天生的"黄金"：事实上，形容词 χρυσή "金色的"是她最常用的绰号描述（Boedeker 1974; Friedrich 1978）。

对于古希腊诗人来说，黄金是最尊贵、最美丽、最高贵的金属。在《伊利亚特》中，铁匠之神赫菲斯托斯主要用黄金来打造阿喀琉斯的新盾牌（18.462—617）；盾上有几个由黄金雕刻的场景，正如犁地的农夫所说，"这是金子，全是金子，是奇迹的锻造"（《伊利亚特》18.549，Lombardo 译，1997）。诗人品达（约公元前 518—前 438 年）为纪念获胜的运动员谱写了胜利颂歌，开始向叙拉古僭主、奥林匹亚赛会的胜利者希伦（Hieron）致敬，他宣称："黄金，如夜间燃烧的火焰，在财富的威严中显得格外耀眼。"（《奥林匹亚赛会》1.1—2，Miller，1996）因此，将某物与黄金进行比较或将其描述为"金色的"，意思是赋予它不朽、优越、富裕和美丽的声望，所有这些特质都体现了阿芙洛狄忒作为"黄金女神"的形象。在爱奥尼亚希腊诗人明奈穆斯于公元前 7 世纪晚期创作的一首挽歌中,阿芙洛狄忒的"黄金特质"就包含了她的神性中最重要的方面——爱欲。

> 没有金色的阿芙洛狄忒,还有什么生活,什么乐趣?
> 当我不再关心秘密的爱情、哄骗人的礼物和床榻时,
> 我宁愿去死,
> 因为对年轻男女来说,
> 这些才是迷人的绽放。
>
> (《残篇》1.1—5,米勒[Miller]译,1996)

chruseē/χρυσή"金色的"这一绰号经常出现在早期与阿芙洛狄忒名字相连的文本中,而且几乎总是占据诗歌的结尾位置,除了一个例子,变体形容词 chruseiē/χρυσείη 被用在中间位置:阿喀琉斯说他不会娶阿伽门农的女儿,即使她"在美貌上可与金色的阿芙洛狄忒媲美"(《伊利亚特》9.390)。作为一个特有称呼,"金色的阿芙洛狄忒"一词在荷马史诗中出现了无数次(《伊利亚特》3.64, 5.427, 9.390, 19.282, 22.470;《奥德修纪》4.14, 8.337, 342, 17.37, 19.54),还出现在赫西俄德的叙事诗(《神谱》822, 962, 975, 1005, 1014;《劳作与时日》65)以及荷马颂

诗第5首中（颂诗5.93）。学者注意到，绰号χρυσή除了其表层含义之外，还可能与阿芙洛狄忒最早的神话职能和作为美丽及装饰女神的意义有关（Boedeker 1974）。"金色的阿芙洛狄忒"似乎被用于强调阿芙洛狄忒的非凡之美，正如上文提到的几个例子中，诗人通过将凡人女子比作女神来赞美她的外貌：例如，海伦的女儿赫耳弥奥涅就被形容为"拥有金色的阿芙洛狄忒的容貌"（《奥德修纪》4.14）。这个绰号也出现在女神自己提供装饰品的情况下，比如宙斯让金色的阿芙洛狄忒来美化第一个女人潘多拉（《劳作与时日》65）；赫克托耳的妻子安德洛玛克（Andromache/Ἀνδρομάχη）的头饰也是"金色的阿芙洛狄忒"送给她的结婚礼物（《伊利亚特》22.470）。但绰号χρυσή中金的象征意义显而易见，尤其是在荷马的两首颂诗中的描述（见上文：颂诗5.84—89；颂诗6.5—18），很容易使人联想起阿芙洛狄忒的kosmēsis/κοσμήσις，她多层闪亮的黄金首饰。在准备好引诱安喀塞斯之后，"佩戴金饰"chrusōi kosmētheisa/χρυσῶι κοσμηθεῖσα（颂诗5.65）的阿芙洛狄忒出现了。一些学者发现，阿芙洛狄忒与黄金珠宝的联系，与近东爱神在艺术和文学中对精致珠宝的描绘存在着对应关系（Faulkner 2008；Karageorghis 2005）；另一些学者则注意到，阿芙洛狄忒的绰号chruseē/χρυσή"金色的"，可能反映了一种用金叶、金漆和黄金珠宝装饰其崇拜雕像和小塑像的艺术表现（Breitenberger 2007）。金饰作为一种价值符号，象征着神性、美丽和地位。

阿芙洛狄忒与黄金的联系，也暗示了光的视觉特性。正如上文所见，我们对阿芙洛狄忒美丽和装饰的描绘通常包括她的发光现象：诗人描述她明亮的眼睛、光彩夺目的衣服和流光溢彩的珠宝。光辉是描述神显的传统文学主题，在希腊叙事诗中，当神向人类展示自己时，他们经常周身包裹着耀眼的光芒。然而文本中对阿芙洛狄忒的外表和 kosmēsis/κοσμήσις 的强调，暗指她与独特的绰号 chruseē/χρυσή "金色的"有更深层联系，这可能与她作为 Ourania/Οὐρανία，"天空"女神的一面有关。希腊古风时代的诗人品达（公元前 522—前 443 年）描述阿芙洛狄忒有"银脚"，arguropeza/ἀργυρόπεζα，这与闪闪发亮的金属形成了有趣的视觉对比（*Pythian* 9.9）。

阿芙洛狄忒的两个绰号都与 chrus-/χρυσ- "黄金"结合在一起，进一步阐明了黄金在她神话形象中的重要性。在荷马颂诗第 6 首中的第一行，阿芙洛狄忒被称为 chrusostephanos/χρυσοστέφανος，即"戴金冠的"（颂诗 6.1；同样，在萨福残篇中 9.1），这个绰号结合了她的两个重要属性——花环和黄金。在阿芙洛狄忒于塞浦路斯上岸之时，戴着"金饰"（chrusampukes/χρυσάμπυκες）的时序三女神（颂诗 6.5, 12），用大量的黄金珠宝装饰阿芙洛狄忒,把"金冠"(stephanēn chruseiēn/στεφάνην χρυσείην)戴在她的头上(颂诗6.7—8)。金冠究竟是纯粹的装饰,还是女神最高权威的象征,或者两者都有,目前尚无定论。最近的学术研究表明,阿芙洛狄忒曾在帕福斯作为 Wanassa 即"女王"受到崇拜(Budin 2003)。阿芙洛狄忒也被称为 polychrusos/πολύχρυσος,意为"最金光闪闪的",有几次出现在早期希腊诗歌中(例如:颂诗5.1, 9;《劳作与时日》521;《神谱》980)。在荷马史诗中,绰号 πολύχρυσος 从未和阿芙洛狄忒连在一起,而是用来描述城邦或人类拥有大量金子和财富,例如富有的迈锡尼人(《伊利亚特》7.180, 11.46;《奥德修纪》3.304)、富裕的特洛亚人(《伊利亚特》18.289)和贪婪的特洛亚人多伦(Dolon)(《伊利亚特》10.315)。阿提卡悲剧家埃斯库罗斯(Aeschylus)在他现存最早的戏剧(《波斯人》3, 5, 45, 53)的开篇中多次使用形容词 πολύχρυσος 来描述富得惊人的波斯人,这个词可能也暗指奢侈的东方(Faulkner 2008)。作为描述阿芙洛狄忒的绰号,πολύχρυσος 也暗指她与卖淫的联系,以及在她保护下富足的女工。因此,用 πολύχρυσος,即"金光璀璨的"这个术语描述阿芙洛狄忒,不仅为女神的形象提供了 χρυσή "黄金"的扩展,而且这个复合词还传达出充裕的物质财富、奢侈和威望感。

随从

阿芙洛狄忒的随从（entourage）由一些被专门命名的次要女神组成，她们负责维护她的美貌、衣服和装饰品的最佳状态，因此经常出现在她的 kosmēsis/κοσμήσις [装饰] 场景中。阿芙洛狄忒美容团队中最重要、最无所不在的成员是卡里忒斯（Charites/Χάριτες），或称美惠三女神，她们经常作为阿芙洛狄忒的侍从在希腊艺术、文学和神话中露面，并且主要出现在她梳妆打扮的场景中（最近，有对学术资料的深入耙梳：MacLachlan 1993；同参 Larson 2001）。在希腊诗人和艺术家的作品中，美惠三女神被想象成轻盈、美丽的年轻女子，她们是 charis/χάρις 的化身——χάρις 在希腊语中的意思是"美丽、优雅、可爱"，是一种明显带有情色内涵的外在品质，能够赋予人一种诱惑的、有魅力的美，这种美能让人着迷到想要进一步 mixis/μίξις，即"性交"。因为阿芙洛狄忒体现了这种情欲"魅力"（charisma/χάρισμα）——源于 charis/χάρις 一词——与爱和美女神有着共同的亲和力，因此她们既是她神圣领域的化身，也是她最亲密的同伴。如我们所见，在最早的希腊文字中，美惠三女神在塞浦路斯岛上阿芙洛狄忒最喜欢的神殿里陪伴她，在阿芙洛狄忒和阿瑞斯做爱之后（《奥德修纪》8.364—366）以及诱骗安喀塞斯之前(颂诗5.61—65),她们服侍她沐浴,为她涂神油,给她穿新衣。美惠三女神也负责阿芙洛狄忒的衣物穿着:她们为她编织连衣裙(《伊利亚特》5.338),给她的长袍着染上春天的颜色(《塞浦路亚》残篇6.1—2)。有时,美惠三女神和阿芙洛狄忒一起美化他人,就像赫西俄德讲述的第一个凡人女子潘多拉的故事一样:在宙斯要求阿芙洛狄忒"把χάρις泼洒在她头上"之后(《劳作与时日》65),美惠三女神用"金项链"装饰她(73)。在这段引人注目的章节中,赫西俄德将χάρις"美丽、优雅"的概念,与作为美化装饰化身的美惠三女神结合起来。和阿芙洛狄忒一样,美惠三女神也与花朵和花环联系在一起,正如在这个诗意的片段中,萨福敦促一位朋友用花朵装饰来安抚她们:

> 狄卡(Dika),把可爱的花环戴在你的头发上,
> 用你柔软的双手缠绕莳萝的嫩芽;
> 因为有福的美惠三女神也喜欢花朵装饰之物,
> 但无花环之物,她们则不屑一顾。
>
> (《残篇》81.1—4,米勒[Miller]译,1996)

虽然美惠三女神的数目和宗谱因作家和时期的不同而有所差异,但赫西俄德的版本在传统上已被接受:他说美惠三女

神是宙斯和大洋女神欧律诺墨（Eurynome/ Εὐρυνόμη）的三个女儿，将她们命名为 Aglaea/Ἀγλαΐα［阿格莱亚］"光辉"、Euphrosyne/Ευφροσύνη［欧佛洛绪涅］"欢乐"、Thalia/Θάλεια［塔利亚］"丰产"；他还描述了她们"睥睨"时散发出的强烈的爱欲力量（《神谱》907—911）。学者引证表明，美惠三女神在希腊古风甚至更早时代就有自己的崇拜，她们最初可能与宁芙仙女一起被视为自然之神（最近，根据证据调查：Breitenberger 2007）。美惠三女神与阿芙洛狄忒早期在某种程度上存在交集，这些痕迹仍然可以在荷马史诗中找到。在《伊利亚特》中，赫菲斯托斯的妻子被称为 Charis/Χάρις［卡里斯］，她在家中接待了大洋女神忒提斯（Thetis/Θέτις）（《伊利亚特》18.382：注意铁匠之神是如何列出他为忒提斯打造的所有珠宝，18.401）；但在《奥德修纪》中，正如我们在得摩多科斯之歌的插曲中所见，他的妻子是通奸者阿芙洛狄忒（《奥德修纪》8.266—369）。而赫西俄德说，他称之为"最年轻的美惠三女神"的阿格莱亚是赫菲斯托斯的妻子（《神谱》945）。虽然尚不确定早期文本中的这种神话互换是否反映了美惠三女神被阿芙洛狄忒同化的实际过程；但我们已经注意到，阿芙洛狄忒神域的其他人格化形象，如佩托、爱若斯和希墨洛斯，是如何成为女神的下属，作为她的助手或同伴出现的。虽然美惠三女神作为阿芙洛狄忒身体美的化身而与她最为紧密地联系在一起，但同时她们也与诗歌、舞蹈、节日和运动胜利有关；而 χάρις 的抽象概念本身也用于表达"善良、恩惠、感激"的意思。

阿芙洛狄忒美丽随从中的其他重要成员是荷莱，或称时序三女神，她们的组合名字有时也可译成季节。hōra/ὥρα 一词在希腊语中表示一段固定时间，可以指年、月、日，也可以特指那段时间的主要或高峰时段；因此 ὥρα 可预示最领先的春季。这种语言上的联系可以从神话中荷莱的人格形象中得到证实，特别与春天的密切关联——据说她们穿戴着"春之繁花"。(《塞浦路亚》残篇 6.2—3）。赫西俄德提供了时序三女神的名字和宗谱：她们是宙斯与提坦女神忒弥斯（Themis/Θέμις）的女儿，而且她们的名字可称作 Eunomia/Εὐνομία [欧诺弥亚]"良序"，Dikē/Δίκη [狄刻]"公正"和 Eirēnē/Εἰρήνη [埃瑞涅]"和平"(《神谱》901—902）。作为阿芙洛狄忒的侍从，时序三女神定期陪伴着美惠三女神，有时也会单独侍奉女神。像美惠三女神那样，时序三女神也在塞浦路斯的海滩上欢迎阿芙洛狄忒，用华服、珠宝和金冠装饰她，护送她去见众神（颂诗 6.5—18）；时序三女神也和美惠三女神一起，用"春之繁花"为阿芙洛狄忒的衣服染色（《塞浦路亚》残篇 6.1—2）。时序三女神还帮助阿芙洛狄忒美化潘多拉，给潘多拉戴上"春之繁花"的花冠（《劳作与时日》74—75）。在公元前7或前6世纪，诗人创作的《荷马颂诗：致阿波罗》（*Homeric Hymn to Apollo*）中，描绘了一幅异乎寻常的景象：在奥林波斯山上，阿波罗弹奏竖琴，缪斯女神歌唱，阿芙洛狄忒和她心爱的同伴们一同起舞。

> 秀发顺滑的美惠三女神和欢快的时序三女神，
> 宙斯的孩子阿芙洛狄忒，哈耳摩尼亚，
> 以及青春女神在那里跳舞，手挽着手。
>
> （颂诗 3.194—196，鲁登［Ruden］，2005）

舞池中还有另外两位次要女神，她们都是爱与美女神阿芙洛狄忒的化身：阿瑞斯和阿芙洛狄忒的女儿 Harmonia/Ἁρμονία "哈耳摩尼亚"（《神谱》934—937），以及宙斯和赫拉的女儿 Hēbē/Ἥβη［赫柏］"青春女神"（《神谱》921—923）。舞蹈者的形象如花环一般相互连接，体现出属性和概念的网状交织，从而确立了阿芙洛狄忒的神圣职责和意义。"美惠三女神"和"时序三女神"是阿芙洛狄忒的两组主要侍从，她们彼此互补，培育并且提供了阿芙洛狄忒权力范围内的有形象征：衣服、珠宝、王冠、化妆品、香水和鲜花。这样令人印象深刻的不朽的随从，是阿芙洛狄忒宇宙力量的显著标志。

裸体

希腊艺术、文学和宗教崇拜中描绘的阿芙洛狄忒的裸体,

图 4.3:克尼多斯的阿芙洛狄忒,普拉克西特利斯原作的罗马复制品
(Aphrodite of Knidos, Roman copy after Praxiteles, *ca.* 350 BC, The Art Archive/ Museo Nazionale Palazzo Altemps Rome/ Gianni Dagli Orti)

是她永生的力量、自主权和意义的一种表达。事实上，她装饰外表形象的主要目的，是定义和强调她完美、不朽的裸体。作为女性美的神圣化身，我们已经看到，女神是如何将吸引和诱惑的目的和身体装饰的观念紧密联系在一起的。对阿芙洛狄忒 kosmēsis/κοσμήσις［装饰］的描述增强了她的性吸引力，她穿衣脱衣的场景因为通常发生在性活动前后而高度充满性兴奋与期待感。这样的场景也将人们的注意力吸引到女神的身体美上，因此与阿芙洛狄忒的裸体比喻密切相关。描写阿芙洛狄忒美丽和装饰的文学作品往往强调和赞美她的身体轮廓——在大量的鲜花、黄金珠宝和神油的映衬下，她的身体轮廓总是清晰可见。在这些描写中，女神迷人的乳房常常得到特别强调：海伦认出了伪装的阿芙洛狄忒，她那"迷人的乳房"（stēthesin hapaloisin/στήθεσιν ἁπαλοῖσιν）光彩夺目（颂诗5.90）；时序三女神用金项链装饰女神，突出她"银白乳房"（stēthesin argupheoisin/στήθεσιν ἀργυφέοισιν）的高耸（颂诗6.10—11）。女神的装饰并非意在隐藏，而是将人们的注意力吸引到她的标志性特征上，正如她那迷人的乳房尽现于观者眼前。在得摩多科斯的歌唱中，被戴绿帽子的丈夫赫菲斯托斯设下陷阱困住了阿芙洛狄忒，男神们聚集在一起，兴高采烈地欣赏阿芙洛狄忒裸露的身体。吟游诗人指出，其他女神出于"保守"aidoi/αἰδόι

会避免这种撩人的场面（8.324），而阿芙洛狄忒则愉快地接受了这种关注，然后步行到她在帕福斯的内殿沐浴，让自己刚刚暴露的身体恢复活力（8.362—366）。阿耳忒弥斯和雅典娜的神话强调对看到自己裸体的人进行惩罚，但阿芙洛狄忒不像她们那样，在希腊文本中，她暴露自己的裸体时从未感到羞耻、脆弱或产生报复心。阿芙洛狄忒的裸体与她的黄金、美丽和性感一样，是她神性的内在特征。

阿芙洛狄忒肖像中的裸体母题，在古希腊艺术中也得到了体现，但关于裸体何时何地以及如何成为女神有形属性的问题，仍然存疑。学者对广泛而丰富的考古学证据的推测表明，所谓的"裸体女神"原型从青铜时代晚期（约公元前1100年）开始就保存在整个地中海地区，例如米诺斯、基克拉迪（Cycladic）和希腊的迈锡尼文明类型（Böhm 1990），叙利亚和受腓尼基影响的塞浦路斯版本（Budin 2003），以及近东的变体（Moorey 2004）。"裸体女神"是典型的裸体女性形象，她站立笔直，面朝前方；手臂举起，经常手捧鲜花等物品，或者单手托着乳房；她圆润的乳房和生殖三角部位通常得到强调；她经常佩戴珠宝，比如项链、手镯和脚链；有时身边还伴有鸟或狮。这些古老的图像是否可以与阿芙洛狄忒联系在一起或被认定为阿芙洛狄忒，这些问题并不足为奇，而事实上很多争论的来源是：一些学者自动将任何裸体形象都认定为是希腊的爱欲女神；另一些学者则有理由辩称，仅仅从一个裸体的女性形象，并不能断定她就是阿芙洛狄忒。然而，裸体女神形象确实对早期希腊艺术产生了显著影响：从公元前9世纪至前8世纪开始，这一形象就在装饰和宗教背景下反复出现，尤其频繁出现于黏土饰板、青铜镜和金属珠宝等一些次要艺术中。学者们注意到，从公元前8世纪至前6世纪，展示全裸女性形象的小型陶俑在地中海东部分布广泛（Havelock 1995），但在公元前6世纪之后，"裸体女神"的形象似乎变得不那么流行了。在这一时期，希腊的艺术家们并未以裸体的方式描绘他们的主要女神，所以这些雕像不太可能代表阿芙洛狄忒，也不可能代表任何其他希腊女神。相反，裸体形象可能只是对古风时代创作异域风情，即"东方"风格的女性形象的艺术趋势作出的回应。事实上，还需要经过几个世纪，随着不同文化、社会和艺术环境的转变，才有了首个完全裸体描绘的希腊女神。当然，她就是阿芙洛狄忒，神圣女性之美的化身。

克尼迪亚

雅典古典艺术家普拉克西特利斯（Praxiteles，约公元前400年—前340年）构思雕刻了第一个三维的阿芙洛狄忒裸体雕像。作为首个真人大小的女性裸体雕塑，普拉克西特利斯的《阿芙洛狄忒》不仅是一种创新，更代表了艺术史上的一场革命（最近，有全面调查证据和罕见的板画收集：Havelock 1995）。这尊被称为Knidia/Κνιδία［克尼迪亚］的雕像使用帕里亚（Parian）大理石雕刻而成，大约在公元前350年由克尼多斯市（位于土耳其西南部）买下。它作为一种崇拜形象，被供奉在阿芙洛狄忒·Euploia/Εὐπλοία［欧普劳娅］圣所中——欧普劳娅意指"她关涉顺利航行"。这尊雕像位于狭长半岛的尽头，面朝大海，航海女神在这里管辖着繁忙的航道。根据古代作家的浪漫叙述，普拉克西特利斯让他的情妇弗琳（Phryne）担任他雕刻阿芙洛狄忒的模特。弗琳是一个出了名的美艳绝伦的希腊交际花。有一则尤为性感的逸闻，描述了迷人的弗琳如何在埃莱夫西斯（Eleusis）海滩上褪去衣衫，散开头发，然后赤身裸体步入海里的光彩夺目的场景：据说，普拉克西特利斯很快就爱上了她，并决定以她美丽迷人的裸体为原型塑造他的阿芙洛狄忒（约公元200年，由阿特奈乌斯13.590记载）。即便这位伟大的艺术家和他高傲的模特之间激情热恋的故事有点耸人听闻（后来被渲染了），但也为观看雕像的人增添了一种爱欲亢奋的震颤。

克尼多斯的阿芙洛狄忒，最初作为一个崇拜形象和一件著名艺术品被珍视，但很快就成为古代一个主要的旅游景点，吸引了大量的希腊和罗马游客到她的神殿中去观赏他们理想中的女性美。

尽管普拉克西特利斯的阿芙洛狄忒没有保存下来，但在地中海地区发现了大量大小不一、不同渠道传播的雕像复制品，证明了这一形象在古代备受欢迎。基于这一证据，学者可以初步重建原始雕像的样子。克尼迪亚最有可能以一种经典的姿势站立：她的重心放在一条腿上，而另一条腿是放松的；她的头稍稍偏离额枢椎；她的头发从中间分开，梳在后面。这尊雕像的标志性手势是，她一只手靠近她的私处附近，另一只手拿着一块布，盖在脚边一个高高的 hydria/ὑδρία［提水罐］上。作为一个崇拜雕像，其尺寸可能如真人大小或更大一点。一些学者认为，目前在罗马的梵蒂冈博物馆（Vatican Museum）的科隆纳（Colonna）版本的雕像是最可靠的复制品（Havelock 1995）。作为一种崇拜形象，克尼多斯的阿芙洛狄忒提供了一种充满宗教意义的可视化神显，能够使她的神力直接显向观者。那静谧的裸体，是她从海中原始诞生的象征，就像赫西俄德描绘的诞生叙事一样（《神谱》188—206）；而近旁的 hydria/ὑδρία［提水罐］也暗示了她的水生起源。自信、诱人且光彩照人的裸体阿芙洛狄忒也表达了她在性爱领域的神圣影响力，将手放在生殖器上的动作是邀请观者承认她的性爱力量。

普拉克西特利斯的克尼迪亚雕像，对后世阿芙洛狄忒的希腊雕塑作品有着无法逾越的影响，尤其是在希腊化后期（公元前150—前100年），裸体的爱神雕像已然成为希腊艺术中非常流行的主题。学者已经对这些裸体雕像的主题变化作了分类，有些人认为，这些雕像类型的日渐性感（Havelock 1995）是受了克尼迪亚的启发。这些包括上文提到的 Anadyomenē/Ἀναδυομένη[阿纳德墨涅]形象或蹲或站，将裸体女神描绘成"从海中崛起"、抬起双手从长发中挤出水分的样子——像克尼迪亚一样，这些形象也体现出阿芙洛狄忒从海中诞生。另一种类型是阿芙洛狄忒·Kallipygos/Καλλίπυγος[漂亮的臀部]，这类雕像将女神裸露的臀部清楚地展示在观者眼前。诸如此类的希腊雕塑的变体服务于装饰和宗教目的，遍布整个地中海世界，它们由统管着大量不同类型的阿芙洛狄忒雕像流通的罗马人采用、复制和收集；与此同时，罗马帝国各地的私人住宅和作坊里也出现了小规模的大理石和黏土版本。多亏了天才普拉克西特利斯，从古代留存下来的阿芙洛狄忒的裸体雕像和代表作，比任何其他希腊神都要多。

小结

阿芙洛狄忒的美和装饰构成了她神性本质中不可分割的一部分。在这一章中,我们看到了阿芙洛狄忒与美化过程的关联与她作为情爱诱惑女神的角色紧密相连,因为身体装饰的明显目的是提高性魅力,吸引潜在的恋人。女神尤其与鲜花、花环、化妆品和香水联系在一起;与此同时她被称为"金色的",这反映出她与金饰和珠宝的联系,以及她与生俱来的天宇金光。阿芙洛狄忒的杰出随从,包括一些次要女神和人格化身,都是对她美貌的补充与提升。最后,这丰富而华丽的装饰品,旨在凸显阿芙洛狄忒裸体的精致,从而展现出她的神力和自主权。于阿芙洛狄忒的崇拜者与仰慕者而言,普拉克西特利斯的崇拜雕像,是对她光辉不朽的裸体之美本质的揭示。

五、与凡人亲密

79　　在这一章,我们将看到阿芙洛狄忒在希腊神话、文学和宗教崇拜中与凡人的互动和亲密关系。我们将考察与阿芙洛狄忒有重要关系的几个不同的人或半神形象,其彼此间的密切关系对于我们所讨论的凡人具有或好或坏的影响。我们将研究个体的参与如何以某种有意义的方式与阿芙洛狄忒神性的具体特征相对应;最重要的是,她与凡人的关系反映了她在爱、性、战争、美和装饰等领域的神性影响。本章还将展示,阿芙洛狄忒对凡世领域频繁而持久地接近,如何在古希腊人的想象中显现她的普遍力量和意义。

亲密

阿芙洛狄忒积极投身于人类领域,并与最喜欢的几个凡人亲近。事实上,有个别希腊神话描述了阿芙洛狄忒与凡世的特定个体之间非比寻常的亲密关系。阿芙洛狄忒与其凡间的交往者们的亲密互动呈现出不同的轨迹,从而具有截然不同的暗示、后果和结局。阿芙洛狄忒与凡人亲密关系展望出两种截然不同的方面。积极的一面是,她会关心和保护凡世的朋友和最爱的人;对她有半人血统的孩子近乎充满爱意;与她的凡人情人成为火热的相互欣赏的性伴侣。消极的一面是,她对那些力图挑战或藐视她的人要求苛刻,脾气暴躁;对那些不尊重她或试图无视她权威的人,则是彻头彻尾的残忍和报复。无论她给予的关注是偏袒还是惩罚,阿芙洛狄忒与凡人的每一段关系,都浓缩并证实了她整体神性的某一特定方面。让我们回顾一下古希腊神话和文学中所描述的阿芙洛狄忒与凡人之间的一些最著名的关系。

潘多拉

潘多拉是世界上第一个凡人女子,诗人赫西俄德在公元前8或前7世纪创作的叙事诗中两次叙述了潘多拉的故事:《劳作与时日》中描述了潘多拉的创造过程(54—105);《神谱》(561—589)中简要概述了第一个女人的故事,但她并未被命名为潘多拉。在《劳作与时日》更广为人知、更加详尽的版本中,我们得知,第一个凡人女子受伟大的宙斯神委托,对偷窃神圣火种的人类实施惩罚,这是反叛的提坦神后代普罗米修斯(Prometheus/

Προμηθεύς）为人类犯下的罪行；而这个女子本身即一种惩罚，因为她带着一个巨大的储物罐，或称为 pithos/πίθος，里面装满了世界上所有的痛苦和烦恼（《劳作与时日》94—95）。正如赫西俄德解释的那样，宙斯命令诸神赐予这个新造的女人一种属性，要么增强她狡猾的本性，要么增强她的身体美感，因为他想让所有与她接触的人都无法抗拒其魅力。在她诞生后，众神的使者赫耳墨斯给她取名为潘多拉，这个名字被诗人定义为"所有礼物"，因为每个奥林波斯神都馈赠了她一种属性（《劳作与时日》80—82）。一些学者认为，赫西俄德这里的词源解释实际上很可能是一种意在讽刺的反转。这个名字原有赞美之意，意为"所有赐予者"（Lombardo 1993），暗示了一个更有教养的女性形象，她是礼物的赐予者而非接受者。这个解释可以用第一个凡人女人的另一个名字来证实——阿奈西朵拉（Anesidora/Ἀνησιδώρα），意为"送上各种礼物者"。在画家塔耳奎尼亚（Tarquinia）名下，一件阿提卡白底的 kylix/κύλιξ [基里克斯陶杯] 的圆形浮雕（内部）上（约公元前 470—前 460 年）描绘了这样一个场景：雅典娜神和赫菲斯托斯神正为一个完美女性形象作最后的润色，他们在她头上贴上一个标签，上面写着"阿奈西朵拉"。因此，从一开始，原始女性潘多拉就是一个模棱两可的象征，传达着两个相互矛盾但并不互斥的含义：

她是一种诱人的惩罚，一种破坏性的美，最终是一个神圣的诡计，她既给予又夺取，正如宙斯自满的诺言，"邪恶的男人会爱上、拥抱她"（《劳作与时日》57—58）。在《劳作与时日》中，阿芙洛狄忒在潘多拉初次现于人类前面的准备过程中扮演了重要角色，因为宙斯要求女神把她独一无二的贡献送给潘多拉。

> 然后他［宙斯］叫来了赫菲斯托斯
> 告诉他赶快揉捏泥土和水，
> 在里面撒上人类的声音和力量，
> 把脸做成不朽女神的脸，
> 让她像一个美丽的、令人向往的处女。
> 然后他让雅典娜教她刺绣和织布，
> 金色的阿芙洛狄忒将优雅洒在她头上
> 再洒上痛苦的欲望和膝软的苦痛。
> 他命令水银信使赫耳墨斯，
> 给她一个恶毒的想法和欺骗的心。
> 他就是这么告诉他们的，他们听了神王宙斯
> 克罗诺斯之子的话。还有著名的老跛子立马
> 给她抹上一些黏土，看起来像个害羞的处女
> 如宙斯所想，而猫头鹰眼女神

把她打扮得漂漂亮亮,美惠三女神

和说服女神给她戴上一些金项链

映衬她的皮肤,而季节女神(她们的头发长而细)

为她戴上一顶春之繁花编成的花冠。

雅典娜完成了最后的润色,

水银信使在她的胸脯

撒上谎言、甜言蜜语、欺骗的心,

如宙斯所想。众神的使者

赋予她声音,并为她取名为潘多拉,

因为所有奥林波斯神都赠予她一样东西,

因此对人类来说,她确实是一种痛苦。

(《劳作与时日》60—82,隆巴多 [Lombardo] 译,1993)

在这段文字中,宙斯委派了几位神祇为第一个凡人女子作准备,而阿芙洛狄忒则被明确赋予使潘多拉既美貌又性感的使命。因此,宙斯要求阿芙洛狄忒从事她最擅长的情爱领域的工作:装饰和吸引。首先,阿芙洛狄忒被要求在潘多拉的头上"洒下优雅" charin amphicheai/χάριν ἀμφιχέαι(《劳作与时日》65)——注意希腊动词 cheō/χέω 暗示的流动性,"倒、流、洒"(诱人的爱欲流动性的概念:Cyrino 1995)。这里的液体意象暗示了阿芙洛狄忒的助力可能涉及给潘多拉使用的美容油或香脂，这让人想起早期希腊文本中阿芙洛狄忒用来美化自己的"安神油"（elaiōi ambrotōi /ἐλαίῳ ἀμβρότῳ，颂诗5.61—62；《奥德修纪》8.364—365）；这幅图景也让人想起了《奥德修纪》中的场景，雅典娜用阿芙洛狄忒的"不朽之美"净化了佩涅洛佩的容颜，使她重焕青春（kallei...ambrosiōi/κάλλεϊ...ἀμβροσίῳ，《奥德修纪》18.192—193）。阿芙洛狄忒还"注入"了另外两种属性到这个新造的潘多拉容器中——"痛苦的欲望和膝软的苦痛"（《劳作与时日》66）。在坎帕尼（Campanian）的红颈amphora/ἀμφορά［双耳瓶］中（约公元前5世纪），潘多拉被描绘成一个真实的pithos/πίθος［储物罐］，上面有个女人的头，强调了她作为一个容器的功能，将各种属性倾注其中。这些来自阿芙洛狄忒的"礼物"，代表了第一个女人的神赐之美所带来的惩罚性后果：阿芙洛狄忒使得潘多拉的迷人外表将招致凡人体验一种令身体虚软和痛苦的性的渴望（关于古希腊的爱欲是否对身体有害的观念：Carson 1986；Cyrino 1995）。与帮助塑造第一位女人的其他神祇相比，阿芙洛狄忒的主要任务是把潘多拉变成宙斯打算让她成为的模棱两可的象征，"一个邪恶的男人会喜欢拥抱的女人"（《劳作与时日》57—58），一位既美丽又危险的新凡人形象。

然而，其中的关键要素正是宙斯当初制作潘多拉的指令，爱与美之女神阿芙洛狄忒自然被赋予了"可被拥抱的邪恶"，但实际上真正的装饰是由她不朽的随从完成的。在第一个女人用黏土塑造完成之后，卡里忒斯（美惠三女神）加入说服女神的形象化身 Peithō/Πειθώ［佩托］，用金项链装饰潘多拉——在希腊艺术和诗歌中，说服女神经常被描述成阿芙洛狄忒的随从或同伴（Rosenzweig 2004）；而荷莱，即时序或季节三女神，将"春之繁花"编成的花环戴在她头上（《劳作与时日》74—75）。在最早的希腊文本中，美惠三女神和时序三女神为阿芙洛狄忒梳妆打扮，就像她们在这里为潘多拉装扮一样。在阿芙洛狄忒最喜欢的塞浦路斯岛的神殿里，美惠三女神为她洗澡，给她涂神油，为她穿新衣，这都发生在她与阿瑞斯做爱之后（《奥德修纪》8.364—366），以及她引诱安喀塞斯之前（颂诗 5.61—65）。像美惠三女神一样，时序三女神在塞浦路斯的海滩上欢迎阿芙洛狄忒，用华服、珠宝和金冠装饰她，然后护送她加入诸神之列（颂诗 6.5—18）；与美惠三女神一起，时序三女神用"春之繁花"为阿芙洛狄忒的衣服染色（《塞浦路亚》残篇 6.1—2）。因此，通过装扮潘多拉，这群美化者——由美惠三女神，时序三女神以及说服女神组成——不仅在执行阿芙洛狄忒分配的任务时充当了她的化身，而且给了潘多拉"神圣的待遇"，几乎把她变成了一个凡人版的阿芙洛狄忒:美丽、强大,具有不可抗拒的性诱惑。女神和她的精英随从参与了潘多拉现身于凡世前的准备工作,凸显了阿芙洛狄忒作为美神的力量,正如特定命名的次要女神作为装饰化身伴随左右,此举证实了阿芙洛狄忒作为一位重要神祇的地位。阿芙洛狄忒与全新的女人潘多拉的关系,证实了她在凡人领域同样有创造美和唤起爱欲的能力。

帕里斯和海伦

没有哪对凡人比帕里斯和海伦更能得到阿芙洛狄忒的青睐——他们的情欲结合正是阿芙洛狄忒亲自促成的。也正是女神对他们强烈的爱和对他们事务的执着参与,导致了希腊神话、艺术和文学中描述的最伟大的军事冲突——特洛亚战争。帕里斯,也被称为阿勒珊德罗斯(Alexandros/Ἀλέξανδρος),是年轻英俊的特洛亚王子,他疯狂地爱上了凡间尤物斯巴达王后海伦,而海伦在法律上已经嫁给了墨涅拉奥斯。在阿芙洛狄忒的公开唆使和其后不断地撮合与允许下,帕里斯和海伦之间充满激情但不正当的恋情,成为希腊对特洛亚发动战争的诱因。就 *casus belli* [**战争的原因**] 而论,阿芙洛狄忒让这对恋人走到一起的行为是战争的直接原因;而她与这两个人的关系,也将自己与爱和战争领域联系在了一起。此外,阿芙洛狄忒与帕里斯和海伦二人亲密而长期的交往，确立了她管辖凡人世界的地理范围——从伯罗奔半岛南部的斯巴达一直延伸到爱琴海，直到小亚细亚的特洛亚；同时也清楚地说明了她对西方传统中最臭名昭著的一对不幸恋人的情欲 mixis/μίξις [混合] 的持续关注。

这个三角故事的早期部分曾在大约创作于公元前 7 世纪或前 6 世纪的《塞浦路亚》（现已失传）中讲述，它是《伊利亚特》之后希腊史诗的系列之一。它的标题指向阿芙洛狄忒在史诗中扮演的重要角色，正如我们从后来的摘要、片段和引文中得知的那样，史诗中描述了导致特洛亚战争的几个事件。《塞浦路亚》中许多值得注意的事件叙述集中在阿芙洛狄忒对帕里斯和海伦这对恋人的结合的直接参与上。事实上，《塞浦路亚》以阿芙洛狄忒热情参与著名的"帕里斯裁决"事件作为开场。这是一场选美比赛，三位最辉煌、地位最高的奥林波斯女神——阿芙洛狄忒、赫拉和雅典娜——角逐一个被称为"致最美者"的金苹果奖。仅仅从提到的"选美""黄金"和"苹果"这三个初始细节来看，这场传奇之争的性质就包含在阿芙洛狄忒最重要的属性和势力范围之内，因而结果也就不足为奇了：阿芙洛狄忒是最终的赢家。但是，由于帕里斯不可避免但又幸运的裁决，他成为阿芙洛狄忒宠爱的凡人，以至于他不得不提醒他的哥哥——特洛亚的王储赫克托耳，不要因为女神的不断偏爱而责怪他。

> "但别将金色的阿芙洛狄忒赠予的厚礼扔到我面前。
> 你要知道,我们不能选择神祇给我们什么,
> 但我们不能将他们的厚礼扔在一边。"
> (《伊利亚特》3.64—66,隆巴多[Lombardo]译,1997)

根据《塞浦路亚》的说法,一切都始于大洋女神忒提斯(Thetis/Θέτις)和凡人国王佩琉斯(Peleus/Πέλευς)的婚礼。这是希腊神话中最盛大、最奢华的社交场合,除了不和谐的化身厄里斯(Eris/Ἔρις)之外,诸神皆受邀参加。正如她的名字一般,厄里斯闯入了婚礼现场,她愤怒地将一个金苹果扔到宾客中间,苹果上刻着"致最美者"的字样——kallistē/καλλίστη[最美的],该词语在希腊语中是阴性最高级。参加庆祝活动的女神之间由此爆发了一场大争吵,争论谁应该被授予金苹果,从而获得"最美者"称号。最后,参与争论的只剩下三位女神:赫拉、雅典娜和阿芙洛狄忒。宙斯明智地决定不参与这场他的妻子和两个女儿之间的激烈竞争。于是,他派儿子赫耳墨斯和选手们一起下凡,去找一个合适的人类裁判来打破这三方的僵局。赫耳墨斯护送三位女神到特洛亚山林里,在那里,他说服

受惊的帕里斯宣布了他那著名的裁决。每一位女神都出现在帕里斯面前,向他行贿,试图让他作出利己的决定。在失传的史诗《塞浦路亚》开头部分的梗概中,突出了这些影响深远的事件,而它们正是发动特洛亚战争的直接原因。

当诸神正在佩琉斯的婚礼上饮宴之时,纠纷[厄里斯]出现了,并在赫拉、雅典娜和阿芙洛狄忒之间引发了一场关于谁是最美者的争论。他们三位女神在宙斯的命令下,由赫耳墨斯带往伊达山上阿勒珊德罗斯[帕里斯]那里,接受他的决定,而阿勒珊德罗斯,被他与海伦的婚约所诱惑,决定支持阿芙洛狄忒。

(《塞浦路亚》残篇1,埃弗林·怀特[Evelyn-White]译,1936)

《塞浦路亚》的这段文字将我们的注意力完全吸引到阿芙洛狄忒给帕里斯的条件上:当轮到阿芙洛狄忒时,她答应给他世界上最美的女人——斯巴达海伦的爱。有情欲倾向的帕里斯无法抗拒这样的诱惑,便把金苹果给了阿芙洛狄忒,从此阿芙洛狄忒便不遗余力地支持特洛亚王子。根据荷马的说法,赫拉和雅典娜则由于受到了帕里斯的侮辱,此后便对特洛亚人不断表现出敌意(《伊利亚特》24.25—30)。正在阿芙洛狄忒派遣并陪同帕里斯去斯巴达领取他的战利品时,帕里斯不幸地发现,海伦已经嫁给了墨涅拉奥斯。在欧里庇得斯的戏剧《海伦》(公元前412年)中,海伦说,阿芙洛狄忒"以我的婚姻为代价"摘得了美丽奖(《海伦》1097)。尽管如此,在阿芙洛狄忒的影响下以及他国王子的魅力和性诱惑的吸引之下,海伦还是放弃了丈夫和孩子,和帕里斯私奔到了特洛亚,成为当地的皇室成员。这个故事不仅展示了阿芙洛狄忒强大的情欲说服能力与促成恋人的能力,也成为她与这对名人夫妻关系密切的叙事基础。

在特洛亚,阿芙洛狄忒不断介入人类层面,包括皇宫和战场;她还继续表现出对帕里斯和海伦的神圣偏爱,无论他们是作为独立的个体,还是多情的一对。在《伊利亚特》的第3卷中,伴随着重叠的走向和对凡人—不朽界限的跨越,荷马从另一角度揭示了这三方关系的错综复杂。学者们注意到,在很多方面,《伊利亚特》这一部分似乎回溯或重新引入了发生在斯巴达的事件,即阿芙洛狄忒第一次强迫帕里斯和海伦性结合,包括一些后来在《塞浦路亚》中记载的重要事件;因此,《伊利亚特》第3卷发挥了一种对早期神话时间框架的文本倒叙功能(关于叙事的"倒叙"策略:Friedrich 1978;Nagy 1996)。在第3卷中,墨涅拉奥斯和帕里斯之间的monomachia/μονομαχία,即"决斗"就是这一倒叙模式的体现。这一场景表面上激起了两个男人之间的最初冲突,作为海伦的丈夫和情人,对待海伦归属问题的不同主张(3.324—382)。事实上,正是帕里斯提出了单人决斗(3.67—75),他自信是阿芙洛狄忒的最爱之人,以至于他对自己的军事实力表现出相当傲慢的自负;因此,集结的军队欣然宣布停战,并庄严宣誓,他们将遵守胜者为王的比赛结果(3.250—258)。但毫无疑问,墨涅拉奥斯是更优秀的战士,所以在决斗中帕里斯被击倒在地。正当他将要被拖走时,阿芙洛狄忒介入,从斯巴达人的手中救回了她年轻英俊的宠儿。

86
  阿芙洛狄忒,宙斯的女儿,

  她洞察入微,使劲弄断那根牛皮颔带,

  留下墨涅拉奥斯紧握着空头盔……

  而阿芙洛狄忒

  用女神的诡计把帕里斯掳走,

  把他笼罩在一团云雾中,安放在

  他的馥郁馨香的拱形卧房里。

(《伊利亚特》3.374—382,隆巴多[Lombardo]译,1997)

  这一插曲突出了阿芙洛狄忒对帕里斯的深爱和保护,使得他免于死在一个优秀战士墨涅拉奥斯手下,同时也强调了她的神性的一个重要方面,即与战争的密切联系。女神"洞察入微"地凝视着这场决斗(3.374);当她心爱的帕里斯受到威胁时,阿芙洛狄忒并未逃避战场,而是冲进混战中去营救他。更值得注意的是,阿芙洛狄忒对两人决斗的介入立即打破了希腊人和特洛亚人之间的休战协议,她的行为引发了一场新的、更血腥、更激烈的战争。但是,在阿芙洛狄忒与她最爱的一对恋人——帕里斯和海伦的关系中,战争与爱欲密不可分。所以在第3卷的叙述中,阿芙洛狄忒带着帕里斯安全离开后,不是回到他的哥哥赫克托耳和其他战斗线上的特洛亚战士那里,而是回到了特洛亚宫殿里"馥郁馨香的卧房"(3.382):作为神圣和爱欲元素的象征,香房的存在暗示着帕里斯可以期待一场由爱神精心安排的愉快的性爱邂逅。

接着,阿芙洛狄忒把她多管闲事的注意力转移到海伦身上,此时海伦正站在被特洛亚妇女包围的城墙上观察战斗(3.383—384)。就像她在斯巴达第一次把帕里斯和海伦撮合在一起一样,阿芙洛狄忒如今将在特洛亚城再次把他们结合——倒叙机制再次在这个序列中展开,整合了过去与现在的叙述(Nagy 1996)。为了实现她在凡间的爱欲目标,阿芙洛狄忒模糊了残酷的现实与过去的浪漫冒险。她乔装成海伦在斯巴达时深爱的抽织羊毛的老妇人（3.385—389），并扮演了媒人角色，哄诱海伦去见她的特洛亚情人，描绘出一幅帕里斯在床上等她时容光焕发的诱人画面（3.390—394）。有那么一瞬，海伦在脑海中看到了帕里斯第一次出现时的样子，而阿芙洛狄忒是他们恋情的热情煽动者。但海伦摆脱了往事幻想，她无疑是认出了阿芙洛狄忒身体的神圣特征——她秀美的颈项、诱人的乳房、夺目的眼睛——在假面具下熠熠生辉（3.395—398）。虽然对阿芙洛狄忒超自然的外貌十分敬畏，但海伦还是识破了她的诡计，并以熟悉的嘲弄方式责备女神，表现出亲密的朋友或地位相近的人之间的那种亲密。

"你如此怪异，为什么存心

这样欺骗我？你现在要引我去哪里？

弗里基亚（Phrygia）？美丽的迈奥尼阿（Maeonia）？

那个你为我找的有其他情郎的城市？

还是因为墨涅拉奥斯，他刚才打败了帕里斯，

想把我这个可恨的妻子带回家去，

你现在站在这里，心里全是诡计吗？

你自己去帕里斯那儿坐坐吧！离开神的大道，

不要让你宝贵的双脚把你送回奥林波斯山，

你就永远为他担心，保护他吧！

也许有一天他还会让你做他的妻子——甚至他的女奴。

我不会再回去了。和他同床共枕就是叛国。

特洛亚女人会责怪我的。

我的痛苦已经够多了。"

（《伊利亚特》3.399—412，隆巴多［Lombardo］译，1997）

海伦大胆，甚至傲慢的言语，强调了她和阿芙洛狄忒在生理和心理上的接近，因为这位斯巴达女王很容易就逾越了凡人与不朽的界限，用一种熟悉而又刻薄的语调对女神说话。然而，这段对话还阐明了她们关系中其他几个值得注意的、能够揭示两个女性角色身份混淆的交互特征。首先，海伦承认她充当了神的工具，推进了阿芙洛狄忒在人界的爱欲和军事目标（3.400—402），而她痛苦的责备也是对自己易受阿芙洛狄忒诱惑的明确的自我谴责。具有讽刺意味的是，尽管海伦是一个臭名昭著的通奸者，但也非常关心在丈夫决胜情人后自己的行为是否得体，尽管她意识到阿芙洛狄忒反对她回到墨涅拉奥斯那边（3.403—405）。然后，在这场粗暴的斥责中，海伦请求阿芙洛狄忒放弃她的神性，并建议阿芙洛狄忒扮演自己那模棱两可的角色，成为特洛亚的"妻子——甚至是女奴"，从而成全她与帕里斯的关系（3.409）。虽然海伦在这里的嘲弄明显是自责，但她也暴露出阿芙洛狄忒对她强烈的依恋，以及对他们这对恋人的认同——正如女神与凡人之间普遍的亲密关系一样。最引人注目的是，海伦轻率地将女神等同于她自己。在她的话语中，海伦似乎暗示，她和阿芙洛狄忒同属于一类难以捉摸的淫乱或通奸的女人，她们从事非婚性活动，是性自由的化身，不受男性的直接监督或控制。海伦确实模糊了一些界限。

片刻后，愤怒的阿芙洛狄忒再次澄清了界限，她用赤裸裸的威胁重申了自己的神性。

> "别烦我，贱人，否则我可能会抛弃你。
> 憎恨你，就像我现在爱你一样。
> 我能利用你让双方仇恨，你知道的，
> 就像特洛亚人和希腊人一样，到时候你将何去何从？"
>
> （《伊利亚特》3.399—412，隆巴多［Lombardo］译，1997）

在她的反驳中，阿芙洛狄忒坦率地阐明了情感的两极本质——爱与恨在情感轴的两端："那么（我会）像我现在爱你一样恨你。"（3.415）作为爱与战争互补领域的女神，阿芙洛狄忒还表明自己能够将海伦置于交战双方之间，从而使她在最危险的临界面前变得脆弱不堪（3.416—417）。海伦打了个寒战，服从了；就像阿芙洛狄忒离开斯巴达时那样——悄无声息，不为人知，在女神无法抗拒的强制力之下——她去了帕里斯的卧房与他交合（3.418—420）。虽然阿芙洛狄忒证实了她在斯巴达女王面前的绝对优势地位，但有趣的是，这段话两次提到海伦与宙斯的直接父系关系（"海伦，由宙斯所生"3.418；"海伦，神盾宙斯的女儿"3.426）。学者们注意到，这里的称谓一致，可能证实了这样一种说法，即海伦最初是当地的斯巴达女神，是阿芙洛狄忒的变体或化身（Friedrich 1978）。又或者，诗人只是想提醒他的听众，海伦和阿芙洛狄忒都是宙斯的孩子，正如这段话所示，她们的形象都是美丽、不可抗拒、反复无常的。在《伊利亚特》第3卷结尾，女神将海伦和帕里斯再次成功融合在一起，因为他们的性爱融合了过去与现在，实现了阿芙洛狄忒的神圣目的——爱欲与军事的 mixis/μίξις［混合］。这些早期的希腊文本显示，作为希腊神话中阿芙洛狄忒最喜爱的两个凡人，海伦和帕里斯这对恋人享有毋庸置疑的特权，而她与他们之间的亲密关系，也表明了阿芙洛狄忒在爱和战争领域中的神圣统治地位。

安喀塞斯和埃涅阿斯

阿芙洛狄忒对凡人的熟悉和她在人类层面的参与，有时会表现出更具个人情欲的一面。阿芙洛狄忒与特洛亚王室的达耳达尼亚（Dardanian）家族分支、凡人安喀塞斯之间爱欲交融的故事，在可能创作于公元前7世纪后期的《荷马颂诗：致阿芙洛狄忒》（颂诗5）中有所讲述（最近，有细致的评论和对相关学术的全面回顾：Faulkner 2008）。在希腊神话和文学作品中，特洛亚男性以长相出众和性感迷人而闻名，以至于他们的美貌和魅力常常令他们卷入高级的爱欲冒险中。如我们所见，英俊的特洛亚王子帕里斯在阿芙洛狄忒的帮助下，得到了他对海伦命中注定的爱，从而引发了伟大的特洛亚战争；早期特洛亚国王特洛斯（Tros/Τρώς）的儿子、特洛亚皇室男孩伽努墨德斯（Ganymede/Γανυμήδης）因长相过于出众，被宙斯诱骗到奥林波斯山居住，担任他神圣的杯童；特洛亚国王普里阿摩斯（Priam/Πρίαμος）的弟弟提托诺斯（Tithonus/Τιθωνός），也就是帕里斯的叔叔，身受黎明女神厄俄斯的爱护。在颂诗中，阿芙洛狄忒本身就钦羡于特洛亚男人的这种特质，故援引来解释她对安喀塞斯强烈的性吸引力。

"可是你的家人,在所有凡人之中,

外表上最接近神。"

(《颂诗》5.200—201,鲁登[Ruden]译,2005)

荷马颂诗第5首讲述了女神与安喀塞斯情爱邂逅的故事。安喀塞斯是一个粗犷的牧牛人,他在特洛亚葱郁的伊达山上放牧。他们恋情的起因在颂诗开头就有说明。作为对她持续混合神和凡人并不断为此吹嘘的惩罚(45—52),宙斯使女神对英俊的特洛亚凡人产生了强烈欲望。

因此他使她对安喀塞斯一见倾心。

在伊达山峰的众多清泉间

他以神样的美貌驱赶着牛群。

当风趣的阿芙洛狄忒第一次见到他时,

她便坠入了爱河——她完全神志不清了。

(《颂诗》5.53—57,鲁登[Ruden]译,2005)

批评者们早在颂诗的叙述中争论过宙斯干预爱欲的目的和意义:一些学者认为,宙斯有意羞辱阿芙洛狄忒,让她与凡人发生性关系,企图削弱她无处不在的影响力;而另一些学者则认为，这个故事中存在颇具讽刺意味的神力颠倒，最终证实了阿芙洛狄忒令人敬畏的力量（关于羞耻/神力颠倒的主题：Cyrino 1993）。许多学者观察到，这段诗文主要集中在阿芙洛狄忒对模糊神与人之间的身体界限的不懈实践上；颂诗并未暗示任何关于爱欲的尴尬或嫉妒的痕迹，相反则显示了女神在协调凡人与不朽两极方面的专长（Smith 1981；Clay 1989）。如果宙斯真的想羞辱女神，强迫她与一位长相俊美、"身形酷似不朽的神"（55）的人类英雄发生性关系，那么阿芙洛狄忒似乎对这一惩罚毫无异议。爱神立刻准备引诱安喀塞斯，她首先去塞浦路斯岛上的帕福斯圣所 kosmēsis/κοσμήσις［装饰］，沐浴更衣（58—67），然后登上了特洛亚的伊达山，毫不费力地居住在一个介于不朽世界和凡人世界之间的边界空间（68—69）。这座山顶是阿芙洛狄忒实现性交融使命的适宜之地：在特洛亚战争期间，赫拉就是在此引诱了宙斯（《伊利亚特》14.153—360）。为了方便进入安喀塞斯居住的这个空间，女神决定像她在特洛亚城墙上接近海伦一样（《伊利亚特》3.386—389）乔装打扮。

阿芙洛狄忒在安喀塞斯面前巧妙的神显，突出了他们会面时非凡的双重暴露。当女神到达牧人的隐蔽小屋（75—80）时，她发现安喀塞斯毫无防备，孤身一人（76, 79），看上去格外英俊——颂诗将他描述为"一位取自众神之美的英雄"（77）。学者们注意到，安喀塞斯在这里被描述成一个身份模糊的人物，因为他既是一个拥有"神样"的凡人，也是一个在文明与内陆边界劳作的牧牛人，所以他的地位介于超自然与人类之间（Clay 1989）。为了与这种身份模糊相配，阿芙洛狄忒以一个高挑、美丽的凡人处女形象出现，这既能减轻他的恐惧，又能激起他的性欲（81—83）。但是女神的伪装也给安喀塞斯带来了感知上的危机（Bergren 1989）：她是真正的人类还是女神？关于这一点如我们前文所述，颂诗提供了安喀塞斯初次见到阿芙洛狄忒时她的衣着，以及她的所有配饰和饰品的最详尽描述（84—90）。在亮丽的衣着和闪亮珠宝的映衬下，阿芙洛狄忒标致的身体散发出一种天神光辉，她秀丽的胸脯，在希腊文学的其他描述中，即使是在伪装之下，也难掩光彩（对于海伦：《伊利亚特》3.396—397）。而她保留性魅力的特殊之处，就是那条神奇的himas/ἱμάς，一种能激发性的绣花皮革腰带（《伊利亚特》14.214—215）难怪她熠熠生辉的美貌让安喀塞斯被欲望淹没，认为少女的身份无比神圣（91—99），甚至得出了准确猜测："你是金色的阿芙洛狄忒吗？"（93）在答应为她在山顶上建造一座圣坛后，英雄请求她保佑自己和家人（100—106）。安喀塞斯也许只是个凡人，可当他看到这位女神时，他认为自己认识她。

然而,风趣的阿芙洛狄忒无意让此诡计泄露。她发表了一场蛊惑人心的演说,其表面上披着天真无辜的外衣,内里却充满了暧昧的语言和挑逗的暗示(107—142)。首先,"宙斯的女儿"(107)——请注意颂诗用讽刺的语调使用这一绰号来描述伪装的神(Boedeker 1974)——公然否认自己是女神,并坚称自己是一个凡人女孩,出身于弗里基亚(Phrygian)的贵族家庭(109—112)。阿芙洛狄忒就像一个专业的引诱者,她充满欺骗性的言辞中充满了足够的事实细节和奉承,以说服她的听众。她甚至解释了自己为什么会讲安喀塞斯的方言(language),并精心编造了一个她自幼由特洛亚乳母哺育长大的故事(113—116)——请注意,这是观察 glōssa/γλῶσσα [方言] 差异的最早文本之一(Smith 1981; Rayor 2004; 也可参考《伊利亚特》2.803—806 中特洛亚同盟之间的不同方言)。她带着少女般的兴奋告诉安喀塞斯,她刚被赫耳墨斯神从阿耳忒弥斯的仪式庆典上抢走(117—121)——请注意,这种表达在宗教仪式上跳舞的婀娜少女形象的方式,以及对爱欲诱拐主题的巧妙运用,突出了阿芙洛狄忒通过有效展现青春、美丽和爱欲来吸引安喀塞斯的意图(她演说中煽动人心的各个方面,可参考:Bergren 1989; Clay 1989; Rayor 2004; Faulkner 2008)。当她以结婚为提议结束自己的一番话时,阿芙洛狄忒通过再次强调自己缺乏爱欲经验来巧妙掩盖她经得住诱惑的事实,暗示她只是在等待安喀塞斯的求婚:"在做完这件事之前,我还是一个处女[字面意思:'未开发的'admētēn/ἀδμήτην],带我去见你的父母。"(133—134,Ruden 译,2005)就这样,阿芙洛狄忒用充满说服力、煽惑人心的演说击中了目标。

虽然安喀塞斯的反应清楚显示了他的谨慎,但他还是被强烈而直接的性渴望所征服,被阿芙洛狄忒精心设计的 glukus himeros/γλυκύς ἵμερος,即"甜蜜欲望"狠狠击中(143)。安喀塞斯甚至含蓄地承认了自己在这场对决中的失败,他发誓要和她发生性关系——他精明地称她为"看起来像女神般的女子"(153)——即便他被弓箭手阿波罗射死下到了冥府(149—154)。但这是一个错误的决定,因为安喀塞斯并没有死。相反,颂诗允许他表现自己的体力和技巧,他牵着女神的手,随着她美丽的双眼庄严地垂落之际,带着她上了他的床。

> *他牵起她的手。满怀欢笑的女神*
>
> *开始有些害羞,低下头,眼眸甜美地望着下方*
>
> *然后偷偷钻进了这张制作精良的床榻。*
>
> *柔软的毯子铺在床上,为英雄准备着*
>
> *而在毯子上方则铺着*

这个年轻人亲自在高山上宰杀的熊皮和雄狮皮。

两人躺在这张精心铺置的床榻。

(《颂诗》5.155—161，鲁登［Ruden］译，2005)

尽管批评家们对这个低头的姿势进行了各种解读（例如羞耻：van Eck 1978；假装犹豫：Smith 1981；虚幻婚礼的标志：Bergren 1989；企图隐藏神形：Clay 1989），但似乎最合理的解读是女神垂落的目光是为了在爱人面前掩饰自己眼中得意洋洋的胜利光芒（Faulkner 2008）。安喀塞斯的床上铺着他在森林中宰杀的凶猛的熊和狮子的毛皮（158—160），这是一个人的勇气、力量和对自然控制的明显象征（Rayor 2004）。动物毛皮这一细节描述提供了一种可以创造暂时水平空间的意象，从而在强大的女神和她刚刚战胜的凡人之间进行情爱交融之前，实现这对边界模糊的情侣之间地位差异的平衡。现在特洛亚人剥去了阿芙洛狄忒身上每一件闪亮的装束，包括她所有的珠宝和衣服，以倒序的方式呼应了她第一次出现在安喀塞斯面前时，对她的 kosmēsis/κοσμήσις［装饰］的描述。也许脱下她的衣服也暗示他们之间地位等级的平衡，或者可能只是表明，阿芙洛狄忒在做爱之前必须显露出她的裸体之美。但还有一个额外细节，安喀塞斯也解开了她的 zōnē/ζώνη，即"腰带"（164）——

这在此处是一个明确信号,表明她屈服于与安喀塞斯的爱欲活动。在这场诱惑中,双方都实现了他们的恋爱目的,证明了人类和众神都能在阿芙洛狄忒的启发下参与不可抗拒的 mixis/μίξις[混合]。此外,这种叙述强烈的性亢奋,清晰地表达了颂诗的基本目的:在爱神的煽动和支配下,探索凡人和不朽者之间的爱欲交叉点。

做爱后,阿芙洛狄忒恢复了她的神貌,将自己女神的面目呈现在安喀塞斯面前(168—180)。安喀塞斯尽管一开始很害怕,但在阿芙洛狄忒的一番言语中得到了安慰(191—290)——她承诺,他们刚刚愉快的性交会结下丰硕的果实,在她的 ζώνη[腰带]下面,她怀上了他的孩子(255)。他们的儿子将起名为埃涅阿斯(198),作为他们跨身份性结合的明确象征,这个男孩将"非常像神"(279)。就像他的父亲——神样的牧牛人安喀塞斯,和他的母亲——积极介入凡人领域的女神,英雄埃涅阿斯将同时具有神与人的属性。五年后,由女神孕育的、由荒野中的宁芙仙女抚养长大的埃涅阿斯将前往特洛亚,与他的凡人父亲和特洛亚的其他贵族会合(273—280)。因此,埃涅阿斯的诞生象征着人类与神交流的潜力,神圣的混合或交合在这首赞美诗中通过一个诱惑的故事得以展现——在故事中,不朽者和凡人,胜利者和被征服者,并不总是能够轻易区分开来。阿芙洛狄忒对安喀塞斯爱的故事，使归于女神掌管的神圣的爱欲界限变得非常模糊。

阿芙洛狄忒与埃涅阿斯的母子关系在早期希腊文献的其他地方也有提及，如赫西俄德描述女神与特洛亚人安喀塞斯幽会，以及由此产生的后代。

> 华冠的库特瑞娅女神，
>
> 与英雄安喀塞斯甜蜜交合后，
>
> 在树林繁茂、沟壑丛生的伊达山顶生下了埃涅阿斯。
>
> （《神谱》1008—1010，隆巴多［Lombardo］译，1993）

《伊利亚特》第2卷中记载了参加伟大的特洛亚战争的勇士的名目，在这里，埃涅阿斯也被命名为阿芙洛狄忒和安喀塞斯的儿子。

> 达耳达尼亚军队由埃涅阿斯率领，
>
> 他是明亮女神阿芙洛狄忒为安喀塞斯生下的孩子，
>
> 女神同凡人结合，
>
> 在伊达的丘陵地带。
>
> （《伊利亚特》2.819—821，隆巴多［Lombardo］译，1997）

但在早期希腊文本中,阿芙洛狄忒和其子埃涅阿斯的主要形象出现在《伊利亚特》第5卷(5.166—453)中,这一期间特洛亚勇士参与了漫长而血腥的战斗。就像帕里斯与墨涅拉奥斯决斗时,她从注定的厄运中把帕里斯拯救出来一样(《伊利亚特》3.324—382),女神再次赶到平原,拯救她另一个易受攻击的宠爱者。在这里,她的爱子埃涅阿斯遭到了一群希腊劫掠者的猛烈攻击,身受重伤:他的髋臼被希腊英雄狄奥墨德斯挥舞的一大块石板砸碎(5.297—310)。就在被特洛亚勇士击中倒地的那一刻,他的母亲冲过去帮助他。

> 埃涅阿斯马上就要走到头了,
>
> 但他的母亲,宙斯的女儿——阿芙洛狄忒
>
> 曾为牧牛人安喀塞斯生下了埃涅阿斯,
>
> 她洞察这一切。她伸出白臂
>
> 环抱着他,给他裹上
>
> 她的华丽长袍,以防希腊人
>
> 的长矛掷向他的胸膛,要了他的命。
>
> (《伊利亚特》5.312—317,隆巴多[Lombardo]译,1997)

在这个保护场景中,阿芙洛狄忒将她的儿子埃涅阿斯裹在

她华丽的 peplos/πέπλος 即"长袍"里（5.315）——然而，在她早先拯救帕里斯的时候，女神是将他裹在"一层厚厚的迷雾中"（ēeri pollēi/ἠέρι πολλῆι, 3.381）。这处细节值得注意，因为在女神成为攻击目标时，诗人再次提到了这条长袍。当阿芙洛狄忒带着儿子离开战场时，她被狄奥墨德斯刺伤了。狄奥墨德斯用长矛刺进她的手腕，刺穿了她手掌上方衣袖的褶皱（5.330—342）——这也是她的随从美惠三女神为她制作的"不朽裙衫"（5.338）。受伤的手和撕破的长袍使得女神无力再保护她的儿子，她大叫了一声，埃涅阿斯被摔落在地（5.342）；然后，同样支持特洛亚一方的阿波罗神冲了进去，救了这位受伤的勇士，抓起他"藏在深蓝色的云雾中"（kuaneēi nephelēi/κυανῆ νεφέληι, 5.344—345）。我们从这一幕中了解到，超自然的云或雾显然比一件裙衫作为营救装备更有效，即便这是为女神量身定制的神衣，其对女神的保护也非常微弱，而对她正试图保护免遭伤害的儿子而言，更难以提供任何帮助。所以，当阿芙洛狄忒毫不犹豫地进入战场营救埃涅阿斯时，她的军事防御在这里落了空。

但史诗战场上这一失败的营救场景，也引发了阿芙洛狄忒与她的孩子母性关系的问题：她到底是不是一个"好母亲"？虽然阿芙洛狄忒似乎尽一切努力表现出对儿子埃涅阿斯的母性关怀，但在这一幕中，她很明显没有表现出坚持营救的行动力，而在《伊利亚特》第 3 卷中类似的营救场景中却成功地保护了帕里斯。在后来的战争故事中，阿芙洛狄忒对赫克托耳的尸体表现出了爱护之情，她用永生的玫瑰精油涂在他的尸体上，使狗无法靠近（《伊利亚特》23.185—187）。然而，在与埃涅阿斯的事件中，阿芙洛狄忒不仅没能保护她的儿子，甚至还需要阿波罗被迫回来完成任务。在《荷马颂诗》第 5 首（上文讨论）的叙述中，我们也应该注意到，阿芙洛狄忒实质上宣布她将抛弃她一半凡人血统的儿子——在他幼年和童年的成长时期，她把他托付给了山上的宁芙仙女照顾（颂诗 5.256—275）。诸如此类的事件导致一些学者认为，阿芙洛狄忒根本不是一个 kourotrophic/κουροτρόφος［孩童养育］神，也就是说，她不是专门养育男孩的，也不是孩童通常的养育者：在希腊神话中，这个任务通常落在优秀的处女女神身上，比如雅典娜或阿耳忒弥斯身上，偶尔也落在阿波罗身上（Budin 2003）。因此，阿芙洛狄忒的母性在她的神话中被淡化，并不足为奇。事实上，在最早的希腊文本中，她由于对后代缺乏母性关怀而经常受到强烈谴责。虽然阿芙洛狄忒与埃涅阿斯的关系，暗示她热切地投身于特洛亚战场的军事情境中，但同时也表明了她对埃涅阿斯母性关注的崩塌，以及她在照顾孩子方面的无能为力。

阿多尼斯

凡人青年阿多尼斯，以他那令人惊叹的、近乎脱俗的身体美在希腊神话中闻名。事实上，直到今天，阿多尼斯这个名字仍然是英俊男子的代名词。在后世的希腊文学中，阿芙洛狄忒与阿多尼斯的爱情故事以及她对阿多尼斯英年早逝的悲痛，是关于她与凡人关系的叙述中最重要、最有影响力的部分之一。由于这个爱情故事在希腊文献中出现较晚，故存在着一些因作者不同而导致许多细节相互矛盾的变体本，但可以看出一个基本轮廓。阿多尼斯是一个俊美高贵的少年，他的身世说法不一。在一些传说中，阿多尼斯是塞浦路斯的辛尼拉斯（Cinyras）之子，而在另一些传说中，他的父亲被称为亚述（Assyria）王提亚斯（Thias）；而他母亲的名字通常是西麦娜（Smyrna），或密耳拉（Myrrha）（总结在阿波罗多洛斯《书库》3.14.3—4）。关于他不可思议的诞生故事，普遍接受的版本如下：由于西麦娜拒绝崇拜阿芙洛狄忒，女神因此一怒之下对她施加了惩罚——她使这个女孩对自己的父亲产生乱伦的性激情。通过一个诡计，西麦娜和她不知情的父亲连续睡了好几晚，并怀孕了。当她的父亲发现所发生的一切时，他非常愤怒，持剑追着西麦娜想要杀死她。当她逃到森林里躲起来的时候，众神——在一些传说中是阿芙洛狄忒本人——听到她的祈求，就把她变成了没药树，或者在后来的传说中，变成了桃金娘树。十个月后，那棵树裂开，阿多尼斯就出生了。

这个婴儿美得出奇，于是阿芙洛狄忒就把他藏在一个箱子里，并把自己的秘密交给了冥后佩耳塞福涅女神，请求佩耳塞福涅帮助她保护孩子。但是当佩耳塞福涅看到他时，她也为他的美貌所倾倒，故拒绝将他还给阿芙洛狄忒。在一些传说版本中，两位女神之间的监护权纠纷由宙斯解决，而在另一些版本中，首席缪斯女神卡利俄佩（Calliope/Καλλιόπη）作了仲裁。于是，这起案件通过将一年分为三段来解决：阿多尼斯分别将在两个女神身边度过一年的三分之一，剩下的三分之一可以和他选择的任何人在一起度过。自然地，这就意味着他一年中有三分之二的时间与阿芙洛狄忒待在一起，阿芙洛狄忒很快就把他当作自己的情人，直到少年突然离世。

一天，阿多尼斯打猎时，被一头野猪的獠牙咬伤。但这绝非偶然：野猪要么是阿芙洛狄忒那善妒的情人战神阿瑞斯派来的，要么是女神阿耳忒弥斯送来的——她对自己喜爱的凡人希波吕托斯所受的惩罚感到愤怒。阿芙洛狄忒冲到这个受了致命伤的少年身边，而阿多尼斯终究还是死在了她的怀里。他的血滴和她的眼泪混合在一起，长出了短命的 anemone/ανεμώνη［银莲花],也称"风花";有人说这位女神被刺伤了,她流出的鲜血染红了玫瑰。由此可见,阿多尼斯的神话为阿芙洛狄忒的花卉象征提供了导因,正如游记家鲍萨尼阿斯所说,"玫瑰和桃金娘是阿芙洛狄忒的圣物,与阿多尼斯的故事有关"(《希腊纪行》6.24.7)。死后,阿多尼斯永远与冥府的佩耳塞福涅同在,阿芙洛狄忒因失去俊美的爱人而悲痛不已。希腊诗人彼翁(Bion,约公元前100年)来自小亚细亚的士麦那(Smyrna),但他大部分时间是在西西里岛生活,在一首神话抒情诗中,他描述了阿芙洛狄忒对阿多尼斯之死的痛苦。

> 阿多尼斯大腿上的创伤太过、太过严重,
> 而库特瑞娅心上所受的创伤更深。
> 他宠爱的猎犬围在他身边吠叫不止
> 山间宁芙也在啼哭。而阿芙洛狄忒,
> 放下她的头发,悲伤的在森林里奔跑,
> 她头发蓬乱,双脚赤裸;遍地的荆棘
> 刺伤了她,流出她神圣的血液。
> 她尖声哀号,穿过蜿蜒不绝的山谷,
> 哭喊着她的亚述情人,呼唤着她的少年。
> 她的黑色长袍垂落在腰间,血液在腹部如涟漪般缠绕,

她的胸口被她的双手染成绯红；胸口下

那对雪白的乳房，因阿多尼斯涨得通红。

"库特瑞娅啊！哀哉！"爱神对此悲恸万分。

（《悼阿多尼斯》16—28，里德［Reed］译，1997）

在希腊神话中扮演阿芙洛狄忒命中注定的凡人情夫之前，阿多尼斯可能在古代神秘的崇拜中扮演着关键角色。阿多尼斯是一个复杂而神秘的西闪米特（West Semitic）英雄／神祇形象，他的名字是闪米特语 adon/ἄδον 的变体，意指"主"。尽管有许多神话的变体，但阿多尼斯的故事可能代表了一种古代地中海的英雄／神祇在上下两个世界交替存在的叙事模式。早期学术界倾向于将其解释为阿多尼斯与死亡和重生之神密切相关，这一说法在北非和近东的古代文化中广泛存在，阿多尼斯的神话可以类比植物的季节循环。然而，将阿多尼斯的故事与苏美尔英雄／神杜穆兹／塔穆兹（Dumuzi/Tammuz）的故事中有关的哀悼仪式相比较更为准确，他的爱人伊南娜女神也同样为他的死亡哀悼不已。阿多尼斯与亚述的传统叙事相联系，很可能是因为这样一种观念：对阿多尼斯的崇拜起源于亚述或巴比伦尼亚（Babylonia），他在那里被奉为塔穆兹神，后来被作为阿多尼斯引入希腊神话；与塞浦路斯岛的联系可能表明了阿多尼斯的祭拜传到了希腊，同时也加强了阿多尼斯与他的神圣配偶、塞浦路斯女神阿芙洛狄忒的神话关系。在阿多尼斯的神话中，阿芙洛狄忒和冥后佩耳塞福涅每年轮流监护他，这揭示了阿多尼斯是一个将自己的时间分成上下两个世界的人物，在他转世的那一刻，他会受到仪式性哀悼。

在希腊古典时代，阿多尼亚（Adonia）的妇女们会在每年的仲夏时节举办对阿多尼斯的崇拜仪式，以此来纪念阿芙洛狄忒失去爱人的悲痛（最近，关于阿芙洛狄忒与阿多尼亚的研究：Rosenzweig 2004）。这个节日似乎在公元前 5 世纪中期开始在雅典流行起来，尽管诗人萨福（残篇 140a）可能提到过对阿多尼斯的崇拜，这说明可能早在公元前 6 世纪，莱斯博斯岛也有过类似仪式。在炎热的 7 月，社会各个阶层的妇女在家中庆祝阿多尼亚节，包括经常邀请情人的交际花。在节日开始时，庆祝的妇女们会在小篮子或浅破罐里种植"阿多尼斯的花园"（kēpoi Adōnidos/κῆποι Ἀδώνιδος）。这些"花园"由快速生长的植物组成，如茴香、莴苣以及从种子中迅速生长出来的小麦和大麦。妇女们把种植的小花园搬到自家的屋顶上——她们爬梯子上去——从而使灰色的泥土接受太阳的炙烤。就像俊美的少年阿多尼斯突然受伤离世一样，植物会在高温下发芽，然后迅速枯萎死亡，而妇女们，会模仿阿芙洛狄忒，公开大声地哀悼女神的情人英年早逝（Detienne 1972）。梯子，希腊词为klimax/κλῖμαξ，在阿多尼亚的仪式中起着重要的象征作用。这一时期的几幅雅典花瓶画，描绘了妇女站在梯子上手持浅罐的场景；梯子不仅让女性从日常的家庭生活中解脱出来，进入到愉快的宗教体验的露天领域，它也象征着阿多尼斯自身从一种存在状态到另一种存在状态的突然转变（论梯子的艺术形象：Rosenzweig 2004）。因为梯子架起了凡人与不朽者两个世界的桥梁，它是阿芙洛狄忒在她对凡人少年跨界爱欲的煽动下，mixis/μίξις 即"性融合"的有形象征。在阿多尼亚庆典的下半段，女人们会通过宴席、美酒和欢乐来庆祝阿多尼斯年夏季从死亡之地归来，回到阿芙洛狄忒温柔的怀抱中。

惩罚

就像阿芙洛狄忒因为西麦娜拒绝崇拜她而勃然大怒，于是让这个女孩对自己的父亲产生乱伦的性激情来惩罚她一样，还有些凡人愚蠢地蔑视爱神，也因此遭受了她的暴怒和惩罚。在希腊神话和文学传统中，惩罚的神话母题作为一种叙事，警告人类，他们有尊敬诸神的庄严义务，同时它也有强大的威慑作用，防止任何可能冒犯诸神的傲慢或轻率行为。作为性女神，阿芙洛狄忒代表了性交合的强烈情感驱动,以及在性活动中身体边界的模糊。尽管古希腊人认为性体验具有不可否认的愉悦感,但它也被视为一种具有内在危险的人体感觉,尤其对那些沉溺于爱的人构成肉体分散与精神衰弱的威胁(Cyrino 1995)。赫西俄德描述了爱若斯"让人四肢松软"(lusimelēs/λυσιμελής)的强大威力——他是一个"能使他们的身体……变得绵软无力,进而控制他们心智,征服他们意志"的神(《神谱》120—122,隆多巴译,1993)。因此,出于对受到破坏甚至失去个人界限的恐惧,一些凡人会不明智地拒绝阿芙洛狄忒的爱欲祝福也就不足为奇了。所以,在希腊神话和文学作品中,有几个值得警惕的故事:要么凡人直接拒绝参与这类激情,要么他们傲慢无礼,最终导致压制阿芙洛狄忒影响的企图注定失败。当阿芙洛狄忒自由自在、心甘情愿地与凡人交往时,崇拜她的人会沐浴在爱情、美丽和成功之中,而那些否认她的神性的人会受到令人厌恶的、可怖的惩罚,有时甚至是死亡。阿芙洛狄忒经常精心设计她的惩罚,以"适应"这些不计后果、不虔诚的凡人所犯的罪行。

让阿芙洛狄忒盛怒的一个著名事件,就是爱琴海利姆诺斯岛(Lemnos)上的妇女的故事(如罗德岛的阿波罗尼乌斯《阿耳戈英雄纪》1.609—639所述,亦见于阿波罗多洛斯的总结,《书库》1.9.17）。利姆诺斯岛的妇女拒绝供奉阿芙洛狄忒应得的祭品使她蒙了羞，因此女神用一种令人作呕的恶臭折磨她们，以至于她们的丈夫拒绝与她们发生性关系。注意这里可怕的讽刺：这位用香水诱惑情人的馨香女神，用一种令人作呕的气味诅咒这些无礼的妇女，让她们的性伴侣对其产生厌恶。当她们的丈夫向色雷斯俘虏寻求性满足时，利姆尼亚（Lemnian）的妇女们嫉妒得暴跳如雷，于是她们杀光了所有男人（包括女奴）。不久之后，在阿芙洛狄忒的允许之下，希腊英雄伊阿宋和他的阿耳戈号船员们恰巧上岸，与那些性饥渴的妇女共度了一段时日，于是这个岛又有了新居民：正如罗德岛的诗人阿波罗尼乌斯告诉我们的那样，伊阿宋自己也与利姆诺斯的王后许普西皮勒（Hypsipyle）同眠（《阿耳戈英雄纪》1.842—864）。这一次，妇女们对阿芙洛狄忒的爱欲恩赐心存感激，用感恩的祭品来为她庆祝。

希波吕托斯

在阿芙洛狄忒复仇心切的叙述中，最臭名昭著的就是欧里庇得斯的悲剧《希波吕托斯》中节制的青年希波吕托斯的故事。《希波吕托斯》于公元前428年在雅典酒神节的舞台上演出（关于演出：Barrett 1964; Goff 1990; Mills 2002）。这部精湛的戏剧，严肃描绘了人神互动所牵涉的巨大风险,同时也强调了这种越界关系会挑起神祇之间危险竞争的隐患。在欧里庇得斯的戏剧中,阿芙洛狄忒决心惩罚禁欲的年轻处男希波吕托斯——古希腊人认为这种独身行为对于一个优秀青年来说相当怪异(Zeitlin 1996)——他公然否认她的神力,只崇拜处女女神阿耳忒弥斯。如此一来,这部剧强调了一种女神对立的模式——她们占据两种完全独立、截然不同,甚至互不相容的经验领域。当然,这两位女神有着天壤之别:女猎手阿耳忒弥斯作为处女,就像神话所述,可视为她冷漠疏远本性的一种身体发声,而她性表达的缺乏与独特外向的阿芙洛狄忒所代表的亲密、熟悉和滥交形成鲜明对比。

在禁欲和放纵之间不可能存在一个愉快的中间地带,所以从戏剧的一开始,希波吕托斯就明显选择了处男一方。愤怒的阿芙洛狄忒虽然只出现在这出戏的序言中,但很明显,她不会忍受一个凡人的冷落,因为她对固执愚蠢的年轻人希波吕图斯的侮辱深恶痛绝。在阿芙洛狄忒与阿耳忒弥斯之间是完全的默认与否决,而 timē/τιμή "荣誉"概念,成为一种严格意义上的零和竞争:如果你只崇拜一位女神,另一位女神必然遭受相应的不敬。阿芙洛狄忒在序言的开头就阐明了这一切。

"神力非凡,赫赫有名于大地

和天上,就是我库浦里斯女神。

从蓬托斯(Pontus/Πόντος)到西方之柱(Pillars of the west)

所有看得见光明的人,

敬重我的神力,我会给予他们应得之物,

对我蔑视无礼,我就让他们付出代价。

因为神和人一样,渴望荣誉和尊重;

他们陶醉于所受的崇拜中。

很快我就会证明这是真的。

忒修斯之子,阿玛宗人(Amazon)的儿子,

虔诚的庇透斯(Pittheus/Πιτθεύς)门徒,

希波吕托斯,特洛亚的独居者,

在这片土地上,他声称

我是诸神中最坏的那个。

他放弃爱欲,拒绝婚姻,

只敬重福波斯的姐姐,宙斯的女儿,

阿耳忒弥斯,他认为她是

诸神中的最伟大者。

他经常和处女神在一起;

带着他的狗在林间奔跑,

捕获了野生森林里的猎物,

享受了友爱之情

比凡人所能期望的还要无法企及。

101 对此我并不嫉妒他们两个。为什么要嫉妒呢?

不过,我关心的是,希波吕托斯

将会发现自己大错特错;

我会让他付出代价,

在今天结束之前。"

(《希波吕托斯》1—22,斯沃利恩[Svarlien]译,2007)

在阿芙洛狄忒的演讲中,神—人关系赤裸裸的利益考量显而易见:如果希波吕托斯只崇拜阿耳忒弥斯,阿芙洛狄忒就被贬低了,这显然令她难以忍受。这个年轻人从容地拒绝崇拜爱神,以及她统治的整个爱欲领域,这些都是自欺欺人的 hubris/ὕβρις 即"狂妄自大的"典型症状,在希腊神话和文学中,这种自欺欺人的傲慢总会招致迅速而确定的补偿性惩罚。在序言的其余部分,阿芙洛狄忒平静地解释了她的复仇策略。女神已经让这个年轻人的继母菲德拉疯狂地爱上了他:正如阿芙洛狄忒所描述的那样,当菲德拉第一次见到希波吕托斯时,她"感到欲望可怕地扼住了她的心，就像我计划的那样"（27—28，Svarlien译，2007）。菲德拉对继子近乎乱伦的激情——请注意与西麦娜非自然欲望的故事类比——开启了一个灾难性的轨迹，这将导致希波吕托斯死在他的父亲——雅典英雄忒修斯之手："这个年轻人，我的敌人，将被他的父亲杀死"（43—44，Svarlien译，2007）。正如女神所承诺的那样，当菲德拉不知不觉成为阿芙洛狄忒可怕的愤怒载体时，观众将目睹这一切。起初，菲德拉先是为她对希波吕托斯的不正当爱欲感到羞耻，后来，因他拒绝她的示好（通过第三方，她的乳母）而感到愤怒和羞辱，于是菲德拉指责这个年轻人企图强奸她（这是为人熟知的民间传说母题"波提法 [Potiphar] 的妻子"：Barrett 1964）。菲德拉在残忍画面的证据面前作出了可怕的指控：她在自己身上附了一张证明希波吕托斯有罪的纸条，然后上吊自杀了。菲德拉在阿芙洛狄忒惩罚这个叛逆的年轻人期间自杀的事实，被认为只是女神残忍目的的间接牺牲品。

"菲德拉可以继续保持她良好的清誉
不受损害；尽管如此，她还是被摧毁了。
她的痛苦不会阻止我，
我还会向我恨的人复仇。

我要尽我所能来纠正。"

(《希波吕托斯》47—50，斯沃利恩［Svarlien］译，2007）

102　　随着戏剧情节的展开，拒绝与阿芙洛狄忒成为亲密联盟的严厉惩罚变得显而易见。忒修斯相信了菲德拉的残忍指控，用他不朽的父亲——伟大的海神波塞冬所赐的一个愿望诅咒了希波吕托斯（885—890）。当希波吕托斯离开这座城邦流放之时，波塞冬从海上派出一头巨大的海公牛来攻击他。这头巨大的海公牛象征着成熟的男性，而希波吕图斯否认了这一点，这头海公牛使年轻人的马受到了惊吓，它们狂奔起来，使得马车撞向了悬崖，而希波吕图斯则被疾驰的马儿沿着布满岩石的海岸线拖行（1173—1254）。当希波吕图斯残破的身躯被带回他的父亲身边时（1342—1390），阿耳忒弥斯也来到了现场，她向忒修斯揭露了之前事件的真相（1283—1341）。尽管阿耳忒弥斯对她忠贞不渝的仆人之死表现出出奇的平静（1396），但阿芙洛狄忒在这轮竞争中胜过她的事实使她受到公然挑衅："库浦里斯女神策划了这场骇人听闻的罪行！"（1400，斯沃利恩译，2007）。所以这位处女女神发誓要报复阿芙洛狄忒，因她惩罚了她最爱的希波吕托斯，由此神的循环报复陷入永无休止的循环之中。

别担心,库浦里斯的计谋,

她的愤怒,撕裂了你可怜的身体,

不会不受惩罚的,即使你将居于

黑暗的地下。我会报答你的虔诚,

回报你纯洁的心灵。

我要让阿芙洛狄忒付出代价:这些无法逃逸的箭矢,

会射中任何一个她最爱的凡人。

(《希波吕托斯》1416—1422,斯沃利恩[Svarlien]译,2007)

从这番话可以看出,阿耳忒弥斯承认阿芙洛狄忒与人类有频繁熟悉的交往关系,但她发誓要攻击其中"她最爱"的那个人(1421)。大多数学者认为,阿耳忒弥斯所说的"人类牺牲品"不是别人,正是阿芙洛狄忒俊美的凡间情人阿多尼斯,他在一次野猪狩猎中受了重伤(例如:Barrett 1964; Mills 2002; Svarlien 2007)在这个故事中,他们遵循的是古代版本,阿耳忒弥斯派野猪去杀阿多尼斯,以报复希波吕托斯之死(阿波罗多洛斯,《书库》3.14.3—4)。当女神之间的冲突仍未解决时,她们所爱的凡人却因他们与神的密切交往遭到致命影响。阿芙洛狄忒对弃绝爱欲的希波吕托斯的残忍报复,表明她在任何想要挑战其普遍力量的人面前,对性爱融合的不懈捍卫。毫无疑问,阿芙洛狄忒对这一点很在意。

小结

阿芙洛狄忒与凡人的每一次互动，都以某种重要的方式对应着阿芙洛狄忒神性的某一特定方面。在为第一个凡人女性潘多拉的创造作出贡献时，阿芙洛狄忒表现了她在装饰和美化过程中的专业性，以及她赋予潘多拉性诱惑力量的能力。阿芙洛狄忒对名人夫妻帕里斯和海伦的偏爱，体现了她对爱与战争这两个完全纠缠在一起的领域的神圣使命，即便帕里斯和海伦的通奸导致了伟大的特洛亚战争。阿芙洛狄忒与牧牛人安喀塞斯性交合的故事，暴露出她自身在越界的情欲力量面前的脆弱，她无法照顾他们半人血统的儿子埃涅阿斯，则揭示出阿芙洛狄忒本质上非母性的性情。她与美少年阿多尼斯的著名恋情在阿多尼亚的重生仪式上得到庆祝，通过跨越凡人－不朽者的轴心，模糊其中界限，从而证实了自身的神力。最后，阿芙洛狄忒惩罚了拒绝她的处男希波吕托斯，证明了企图否认她在每个生灵中激发的对性融合力量的冲动，是多么愚蠢不堪。

六、海洋和天空

在本章，我们将回顾阿芙洛狄忒作为女神的独特本质，她分有并统治着两个巨大的自然领域——海洋和天空。作为 mixis/μίξις，即"混合"女神，阿芙洛狄忒与这两个截然不同却又相邻领域的亲密关系，代表了她作为一个中介者的角色，其神性影响能使海洋和天空相互作用，彼此聚合。我们将研究阿芙洛狄忒的海洋和天体属性的不同方面和含义，并观察她的仁慈如何以有利于她的人类宠儿的方式存在，从而能够持续平息海洋和天空领域的风暴。此外，我们将考虑阿芙洛狄忒对海洋和天空的统治如何表达她普遍的、包罗万象的力量——这意味着整个自然世界都在女神的掌控之下。本章还将证明，归属于女神的海洋和天体意象群，清晰地揭示了阿芙洛狄忒在她的神圣职能和目标中对多元性的包容。

阿诺多斯

　　阿芙洛狄忒存在于海洋与天空交汇、接触、相混的区间。这片介于二者之间的开放空间,通过她不朽的 anodos/ἄνοδος[阿诺多斯],或称"崛起"过程被迅速勾连在一起——诞生之时,她先是从海中崛起,然后升至天空。当阿芙洛狄忒航行并穿梭在这两个独立领域的区间时,它们因她的出现而混合在了一起。此外,这一原始瞬间象征着女神的调解职能,因此阿诺多斯也成为她神圣意义与力量的中心。在海洋与天空的间隙中,有一种永恒的 μίξις 或"混合",阿芙洛狄忒在其中深受激发、享受并占据主导地位。因此,阿芙洛狄忒的 ἄνοδος[崛起]象征着接触、融合与统一。

　　如我们所见,希腊诗人赫西俄德在公元前8或前7世纪创作的宇宙演化诗歌《神谱》中,第一次描述了阿芙洛狄忒原始的 ἄνοδος[崛起]。赫西俄德对阿芙洛狄忒诞生的描绘,将海洋和天空两个领域紧密联系在了一起:当时女神从海中崛起升至高空,首先靠近库特拉岛,最后在神圣的塞浦路斯岛上了岸(《神谱》188—206)。蔚蓝的天空和深水环绕的岛屿本身就代表了海洋和天空的中介点,它标志着阿芙洛狄忒居住的两个领域之间神圣的空间界限。作为对女神 ἄνοδος［崛起］所象征的海天合一的幸福回应，在她神圣的脚触地之时，塞浦路斯的砂土冒出了青草的嫩芽（《神谱》194—195）。正如赫西俄德描绘的场景，在天神乌拉诺斯被阉割后，女神的 ἄνοδος［崛起］紧随出现。

> 刚用利刃割掉的生殖器，被抛出大陆，
> 掉进了波涛汹涌的茫茫海洋中，
> 在那里漂了很长一段时间。
> 一个白色泡沫聚集在神体周围，
> 在泡沫中诞生出一个少女。
> 她第一次接近陆地是在神圣的库特拉岛附近，
> 并从这里漂到塞浦路斯岛。
> 端庄美丽的女神从那里上岸了，
> 在她纤细的脚下，嫩草萌发。
>
> （《神谱》188—195，隆巴多［Lombardo］译，1993）

其他希腊作家同样被阿芙洛狄忒的 ἄνοδος［崛起］这一概念所吸引，并力图阐明在海天两界都拥有一席之地的女神的卓绝形象。戏剧家欧里庇得斯在其悲剧《希波吕托斯》中探讨了阿芙洛狄忒那令人敬畏且影响广泛的力量。这部悲剧于公元前428年在雅典上演。在前期场景中,菲德拉的乳母拼命鼓励她患相思病的女主人,让她通过向她的继子,清醒的青年希波吕图斯示爱来减轻她痛苦的欲望。出于对菲德拉母性关怀的驱使,乳母警告她,不要否认阿芙洛狄忒不可抗拒的力量,否则将遭受到毁灭性的惩罚。乳母的话概括了阿芙洛狄忒综合性的神圣影响——她势不可挡地从天空延伸至海洋,并涵盖了二者之间的一切。

"库浦里斯女神拥有洪水般的力量;

她有无法抗拒之力。

凡向她屈服之人

她会更加从容追求;

凡蔑视她之人,或者那些异常傲慢之人——

你无法想象她如何打击他们。

库浦里斯女神漫步于高空之上;

亦居于海浪之中。

世间万物皆源于她,她是欲望的播种者,

我们都是她的子女。"

(《希波吕托斯》443—450,斯沃利恩[Svarlien]译,2007)

阿芙洛狄忒的 ἄνοδος［崛起］也激发了古希腊艺术家们的想象力。从希腊古代幸存下来的最宏伟的艺术代表之一就是阿芙洛狄忒 ἀναδυομένη，即"从海中崛起的"女神，也被称为路德维希（Ludovisi）宝座浮雕，其历史可追溯至公元前 480 至前 460 年间。这块巨大的白色大理石，可能是一个刻有古风晚期或古典早期风格的浅浮雕的大祭坛的某一部分。尽管这座令人费解的浮雕的目的、意义和出处一直存在争议，但现在大多数学者都赞同，路德维希宝座最初是爱奥尼亚的阿芙洛狄忒神庙（建于公元前 480 年）的一部分，其位于意大利南部希腊西部的洛克里埃皮泽菲里（Locri Epizefiri）遗址（路德维希宝座的描述性总结，见 Rosenzweig 2004）。如今人们可以在位于罗马市中心，风景迷人的阿尔坦普斯宫（Palazzo Altemps）的国家博物馆参观路德维希宝座。在浮雕的主面板上，刻画了阿芙洛狄忒浮出水面的诞生时刻。雕刻家巧妙地描绘了女神身穿一件被海水浸湿的透明衣袍的形象：薄薄的布料紧贴着她隆起的乳房，勾勒出她肚脐的形状；她朝右抬起脸，长长的头发湿漉漉地垂在脖子和左肩上。阿芙洛狄忒张开的双臂伸向她两侧的女侍从，她们都穿着透视长袍，赤足站在岩石岸边。这两名女侍从最有可能是时序或美惠女神，她们用臂弯将新生的阿芙洛狄忒小心翼翼地从水中扶起，并在阿芙洛狄忒面前同时提起一件斗篷或纱衣遮住她腰部以下的位置，准备为她湿漉漉的身体穿上衣服。随着向上伸展的曲线和叠织的帷幔，路德维希宝座浮雕的主面壁用大理石精致地再现了阿芙洛狄忒不朽的 ἄνοδος，即"崛起"的那一刻。它是阿芙洛狄忒独有的海天结合的象征。

图6.1：阿芙洛狄忒的诞生，路德维希王座上的浮雕（Birth of Aphrodite, Relief on Ludovisi throne, *ca.* 480—460 BC, The Art Archive/Museo Nazionale Terme Rome/Gianni Dagli Orti）

海洋和航行

阿芙洛狄忒的 ἄνοδος［崛起］从海洋开始。海洋是阿芙洛狄忒最初的神显之地，也是她神圣的诞生之地，还是许多古希腊神话、文学、艺术和宗教联系的基本场所。与伟大的奥林波斯海神波塞冬形成鲜明对比的是，波塞冬在神话中是一个易怒且不可预测的神，容易造成致命的风暴和海啸，而阿芙洛狄忒对他们共享领域的影响，则体现在她从海洋泡沫到明亮高空的平静露面：她轻轻一触，就平息了汹涌的海浪，抚慰了阵阵狂风。虽然阿芙洛狄忒与海洋的亲密关系反映了她的水生起源和她深厚的元素力量（elemental power），但这也是她与凡人亲密关系的另一种表达，因为她表现出对生活在海岸附近或以航道谋生的人类的关心和参与。

阿芙洛狄忒在古代享有众多崇拜绰号，这些绰号反映了她的水生起源和她与海洋的亲密关系（对阿芙洛狄忒海洋崇拜主题的彻查：Pirenne-Delforge 1994）。女神被称为阿芙洛狄忒 Pontia/Ποντία［庞提娅］，意指"她关涉深海"（鲍萨尼阿斯，《希腊纪行》2.34.11），她被称为 Pelagia/Πελαγία［佩拉吉娅］，则意指"她关涉公海"（阿特米多鲁斯《释梦》［Artemidorus, *Interpretation of Dreams* 2.37］）；Thalassaiē/Θαλασσαίη［塔拉萨娅］意指"她关涉海洋"，和意指"她关涉海洋的安定"的 Galēnaiē/Γαληναίη［伽琳娜娅］同样证实为是她的崇拜头衔（Pirenne-Delforge 1994）。正如历史上的许多海洋文化一样，古希腊有许多表示咸水领域的词，包括表示"海洋"的最常见词 thalassa/

θάλασσα，也有表示"深海"的 pontos/πόντος 和表示"公海"的 pelagos/πέλαγος。其他值得注意的表示水生的绰号则表明阿芙洛狄忒与水手和航海的密切联系，是对她的两大重要领域——海水和天空微风的统治权的融合。作为保障成功航行并安全返航的女神，阿芙洛狄忒还被称为 Euploia/Εὐπλοία[欧普劳娅]，即"她关涉顺利航行"（鲍萨尼阿斯《希腊纪行》1.1.3）；以及 Limenia/Λιμενία[丽美尼娅]或 Epilimenia/Επιλιμενία[埃皮丽美尼娅]，意指"她关涉/处在海港"（鲍萨尼阿斯《希腊纪行》2.34.11）。在克尼多斯的阿芙洛狄忒·欧普劳娅圣所中，有著名的普拉克西特利斯雕刻的女神裸体雕像（约公元前 350 年），此地后来成为古代希腊和罗马的主要旅游景点。

在海滩、岛屿和港口城镇的众多古代圣所中，尤其是沿着希腊和腓尼基商人及水手们使用的主要贸易路线上，阿芙洛狄忒经常受到崇拜，他们在阿芙洛狄忒崇拜的传播中发挥了重要作用（最近，综合概述：Larson 2007）。实际上，这是希腊海港和海岸线经常出现的结构元素，并成为阿芙洛狄忒神庙的特色。神庙的主顾包括船员、水手和海军陆战队员，以及船主、商人、渔民、新移民和殖民者，还有远洋游客和所有其他可能聚集在海边附近的各类盐田人群。海滩或港口位于陆地和海洋的边缘，代表了海水与陆地相遇汇合、形成独特海洋环境的界限位置。因此,在这片海天相望的空地上,设立 mixis/μίξις [混合] 女神阿芙洛狄忒的神庙或圣所,是很自然的事。忒格亚的阿尼特(Anyte of Tegea)在一首诗中纪念了这样一个海滨遗址,她是生活在公元前 3 世纪早期希腊的阿卡迪亚(Arcadian)诗人,以精妙的讽刺短诗闻名于世。她幸存的一首短诗中,描述了一座坐落在海边的阿芙洛狄忒神像。

> 库浦里斯守护此地。
>
> 她深爱着这里,
>
> 时刻从陆地俯瞰
>
> 那波光粼粼的海洋。她
>
> 给予航海者顺利的
>
> 航行,海洋
>
> 因她的光辉之姿,
>
> 惊起敬畏之心,
>
> 颤抖而不息。

(诗 22,《希腊诗选》9.144,瑞克斯罗斯[Rexroth]译,1999)

在这首引人注目的短诗中,诗人阿尼特模糊了高高耸立在悬崖顶上的女神和她出生并仍掌控的海洋之间的空间界限。阿芙洛狄忒带着善意的喜悦和满足，凝视波光粼粼的海洋，毫无疑问，她在欣赏自己在半透明的海中荡漾起伏的秀丽身影。码头旁是海上航行的水手们，他们对阿芙洛狄忒的神圣祝福满怀感激之情，并试图一睹她和善、微笑的雕像，以此作为他们航海成功的好兆头。这首诗的最后一行，描绘了海洋对女神凝视的回馈：看到她那沐浴在阳光下的光彩夺目的形象，海浪颤抖着，既对她那可怕的力量感到敬畏，又对她光芒四射的美感到欣喜。当女神和海洋的视线在明亮的天空中交汇时，他们互相倾慕。

无论古希腊人在海上漫步还是旅行，沿着整个地中海海岸线都能找到供奉阿芙洛狄忒的圣地（对众多阿芙洛狄忒崇拜地区的完整回顾：pirene-delforge 1994）。她的两个最重要的岛屿，一个是库特拉岛，在赫西俄德描绘的诞生故事中，那是她第一次接触的陆地；另一个是塞浦路斯岛，这是她主要的崇拜地和永久居所（《神谱》188—206）。在塞浦路斯，学者发现，有数百个阿芙洛狄忒圣所散布在岛上（最近，关于塞浦路斯岛作为阿芙洛狄忒岛屿的首要地位：Karageorghis 2005；Ulbrich 2008）。位于塞浦路斯的古都帕福斯，在传统意义上是新生的阿芙洛狄忒出海上岸之地，也是她最重要的宗教圣地和神庙所在地，而荷马引用帕福斯作为她神圣的辖区和祭坛所在地（《奥德修纪》8.362—363；同时也请注意荷马颂诗 5.58—59）。在她的海域方面，女神也保持着与其他岛屿和海滨地区的联系。阿芙洛狄忒与罗德岛——位于小亚细亚克尼多斯南部的爱琴海东部岛屿——有着神话和宗教上的联系。有一种说法认为该岛起源于太阳神赫利奥斯（Helios/Ἥλιος）跟与该岛同名的海宁芙（sea nymph）罗德（Rhode/Ῥόδη）的结合——后者被称为"阿芙洛狄忒的海洋—孩子"（品达《奥林匹亚赛会》7.13—14）。这座岛屿的名字也能使人想起阿芙洛狄忒的花 rhodon/ῥόδον［玫瑰］，岛上的钱币上都有它的形象；而且，在这座古城里有一座可以追溯到公元前 3 世纪的供奉阿芙洛狄忒的主神庙。

克里特岛也是阿芙洛狄忒早期的崇拜中心，在那里她可能与克里特女神——阿里阿德涅（Ariadne/Ἀριάδνη）公主的崇拜有关（Boedeker 1974）。诗人萨福在公元前 600 年左右的莱斯博斯岛上创作了一首优美诗歌，在一首献给阿芙洛狄忒女神的 *kletic*［感召］颂诗残篇中，她提出了阿芙洛狄忒和克里特岛之间的联系。萨福用一种感性的语气，召唤来自克里特岛的阿芙洛狄忒前往这个风景秀美之地与她相伴，那里的女神圣所充满了她的象征属性和她最爱之物：苹果、玫瑰和用春天花朵编成的花环，以及馥郁芳香的空气。

请从克里特岛到我这里来哟,
到我所在的这座神圣的庙宇里吧,
这里有一片怡人的苹果园,
以及散发着熏香烟雾的祭坛。

清凉的细水从苹果树枝间
潺潺流过,玫瑰将整个庙宇
笼罩在阴影中,摇曳的树叶中
降临一片沉睡的迷幻;

这里有一片草地,马儿在此牧食,
春天的花朵开满了,
微风轻轻吹拂……

在这个地方,库浦里斯拿起花环
优雅地用金杯
倾倒与庆祝调和过的
琼浆美酒……

(《残诗》2.1—16,米勒[Miller]译,1996)

阿芙洛狄忒作为水手和商人保护者的这一形象，在埃及的希腊城市瑙克拉提斯尤为突出。瑙克拉提斯位于尼罗河的西支流上，一直是埃及最重要的港口。瑙克拉提斯是希腊人在埃及的第一个永久定居点，是希腊人和埃及人之间的文化和商业交流中心。这座城市的希腊名字表明瑙克拉提斯来源于"船只的力量"，在其大部分历史记载中，瑙克拉提斯的确是一个连通东西方的主要贸易中心。瑙克拉提斯最古老的建筑之一是阿芙洛狄忒圣所里的一座神庙，该庙宇很可能是在公元前600年左右，由来自希腊东部遗留的商人和旅行者建造（最近，关于阿芙洛狄忒和瑙克拉提斯：Larson 2007）。希腊历史学家希罗多德指出，瑙克拉提斯的妓女非常迷人，因此她们在生意上相当成功；他特别指出一个名叫罗多佩丝（Rhodopis）的色雷斯自由妇女，她是一个著名的交际花，也是诗人萨福的兄弟查拉克斯（Charaxos）的情妇（《历史》2.135）。随着游客和商人的不断忙碌，以及货币的快速流通，港口城市瑙克拉提斯将成为交际花和娼妓开设店铺的主要地点；而靠近阿芙洛狄忒的神庙，也更便于他们崇拜自己的守护神。

当地作家瑙克拉提斯的阿特奈乌斯（约公元2世纪末）讲述了一个欢快的故事，是关于希腊商人赫洛斯特拉托斯（Herostratos）在塞浦路斯的帕福斯和瑙克拉提斯之间的贸易线上工作的（《学问之餐》，15.675f—76c），该故事揭示出阿芙洛狄忒在这个贸易港口居民心中的重要宗教地位。在他的最后一站帕福斯，赫洛斯特拉托斯买了一个阿芙洛狄忒的小雕像祈求好运，然后起航前往埃及。但他南下的航行受到强烈风暴的阻挠。因此，如阿特奈乌斯所言，赫洛斯特拉托斯和船员们祈求阿芙洛狄忒保佑他们平安度过这一劫。突然间，桃金娘的花开始在小雕像周围绽放，整艘船上弥漫着美丽的芬芳，这预示着仁慈女神的存在。在这艘船毫发无损地进港后不久，赫洛斯特拉托斯就在阿芙洛狄忒圣所里献上自己买的小雕像，并向所有的崇拜者赠送了桃金娘花环。阿芙洛狄忒在海上的形象显然代表了她对海洋的亲和力，以及她在边界之间的空间中所获得的快乐，这也证实了她干预凡人领域的能力和对航海人员的格外同情。

　　阿芙洛狄忒在古代希腊最重要的城邦雅典的港口也颇具影响力。公元前5世纪以前，雅典人把法勒隆（Phaleron）海湾作为他们的港口，英雄忒修斯就是从这里开启了他前往克里特岛的伟大海上之旅（鲍萨尼阿斯，《希腊纪行》1.1.2）。传说忒修斯启航前在海岸上向阿芙洛狄忒献祭了一只母山羊，以获得她的青睐和保护（普鲁塔克，《忒修斯传》18.2）。事实上，这位女神是这个英雄最合适的盟友，她既能确保他在海上航行的安全,又能助推他与克里特岛公主阿里阿德涅爱情的发展。公元前5世纪,雅典的港口从法勒隆移至比雷埃夫斯(Piraeus)。公元前493年,雅典将军忒米斯托克勒斯(Themistocles)在担任执政官期间,于公元前477年波斯战争之后开始开发比雷埃夫斯海滨地区。比雷埃夫斯将成为雅典的主要港口和雅典海军所在地。学者引用的铭文证据指出,在公元前480年萨拉米战役后,忒米斯托克勒斯似乎在比雷埃夫斯专门为阿芙洛狄忒建造了一座属于她的神庙;而在比雷埃夫斯北部的埃提厄内亚(Eetioneia)海角也发现了该神庙的遗址(最近关于阿芙洛狄忒在比雷埃夫斯的研究:Rosenzweig 2004)。根据古代资料记载,雅典将军科农(Konon)数年后也在比雷埃夫斯建造了阿芙洛狄忒·欧普劳娅圣所,以此来庆祝他在公元前394年在克尼多斯海岸击败斯巴达舰队的光辉胜利(鲍萨尼阿斯,《希腊纪行》1.1.3)。科农究竟是扩建了原来的忒米斯托克勒斯保护区,还是建立了一座独特的保护区,目前尚不清楚。然而,值得注意的是,这位海上阿芙洛狄忒,航海者的保护者,她早期与雅典对忒修斯的英雄崇拜有关,后来则与整个雅典海军和他们胜利的海战有关。从公元前5世纪中期开始,大量的雅典花瓶画描绘了阿芙洛狄忒的崛起,并用充满活力的航海意象加以修饰——如海豚、天鹅、贝壳和风帆——来强调她与海洋的联系,进而延伸到雅典的海军事业。因此,既然雅典舰队是 dēmos/δῆμος（人民政治权威）的体现,那么阿芙洛狄忒与三列战舰上的水手们的友好关系,也会表现出她的公众形象、她对待人类的随和以及她对雅典民主的神圣认可。

在有关水生的阿芙洛狄忒的文学和艺术肖像中,女神有时会被描绘成与水生的 thiasos/θίασος [提亚索斯] 相伴,或与一群喧闹的居住在海洋的追随者相伴。就像她在凡间主要的随从美惠三女神和时序三女神一样——她们本身就是美丽的次要女神——在海上航行的阿芙洛狄忒也经常与无处不在的女海神涅瑞伊得斯（Nereids/Νηρίδες）相伴（参见鲍萨尼阿斯《希腊纪行》2.1.8；在后荷马时代的文本中,涅瑞伊得斯女神作为阿芙洛狄忒的随从：Larson 2001）。古希腊海神涅柔斯（Nereus/Νηρεύς）的这些女儿是居住在大洋中的咸水女神——赫西俄德为她们中的 50 位女神成功命名（《神谱》240—264）。涅瑞伊得斯女神通常被描绘成可爱、温柔的年轻女子,偶尔也被描绘成一半是女人一半是鱼的美人鱼,她们唱歌、跳舞、演奏乐器,还骑在海豚和其他海洋生物的背上冲浪。和阿芙洛狄忒一样,涅瑞伊得斯女神对横渡海洋的人类也很善良且乐于伸出援手。当水手和旅行者遇险时,她们都会给予帮助。水手们相信,涅瑞伊得斯女神可以保护她们免遭海难,所以作为主要崇拜地点的岛上、海滩和河口有许多涅瑞伊得斯女神的祭坛和敬神供品。由于保护海员和平息海水是她们的共同目的,所以在古希腊艺术和文学中,涅瑞伊得斯女神作为阿芙洛狄忒的主要海洋随从出现在人们的面前并不奇怪。

在萨福创作的一首主题、意象和歌曲完美融合的诗歌片段中,她向海上的阿芙洛狄忒和她的海仙女伴涅瑞伊得斯祈祷,希望她流浪的兄弟查拉克斯能平安返回——也许他正从埃及的希腊殖民地瑙克拉提斯航行回来的路上。他在那里和臭名昭著的妓女罗多佩丝鬼混了一段时间,这件事遭到了他姐姐的反对(正如希罗多德的记述,《历史》2.135)。

库浦里斯女神和你的涅瑞伊得斯哟,
请允许我兄弟平安无恙地抵达此地,
并且愿他内心所愿的一切
都能完美实现。

(残篇5.1—4,米勒[Miller]译,1996)

为了进一步凸显她的海洋特质,水生的阿芙洛狄忒的艺术肖像常常装饰着一些海洋属性和生物。一般来说,海洋神更常见的比喻属性之一是海豚——这种被古希腊人在众多海洋神话中描绘成友好、聪明和有益于人类的生物，分有了涅瑞伊得斯的善良特征。海豚通常见于古希腊花瓶的海洋场景画中，它们通常是在海宁芙或海洋神旁边嬉戏。尽管海豚最初是德尔斐（Delphi）神谕之神阿波罗的圣物，但在艺术作品包括花瓶画和小型陶俑中，它有时与海中的阿芙洛狄忒一起被描绘；海豚也可能会作为支撑雕像的元素，出现在阿芙洛狄忒 Anadyomenē/Ἀναδυομένη 的大型雕塑样式中——"从海中崛起"是希腊古代晚期非常流行的图像类型（Havelock 1995）。阿芙洛狄忒的海中形象常与海扇贝壳联系在一起，就像在阿提卡红绘 pelikē/πελίκη［双耳细颈陶罐］上的崛起插图一样（公元前370—前360年），在这幅画中，女神出现在一个闪亮的白色海扇贝壳的中心，游动的鱼儿和在头顶上飞的爱若斯陪伴着她，手握三叉戟的波塞冬注视着她。有关贝壳上的女神崛起这一古老的艺术母题，显然影响了阿芙洛狄忒从海中崛起的最著名的现代表现形式——现收藏于佛罗伦萨的乌菲齐（Uffizi）美术馆的桑德罗·波提切利（Sandro Botticelli）的画作《维纳斯的诞生》（*The Birth of Venus*，约1485年）。阿芙洛狄忒与贝壳的关系具有强烈的性暗示，因为半开的双壳在视觉上会让人联想到女性生殖器；即使在今天，海洋软体动物、贝类，特别是牡蛎，仍然被认为具有强大的"春药"特性。因此，在她从海洋诞生的那一刻起,阿芙洛狄忒与咸水领域的亲密关系就提供了一个异常强大的符号、意义和功能网络。

天空

从海中崛起后,阿芙洛狄忒出现在明亮的天空中,暗示着这位女神也有天宇的一面。如前所述,Ourania/Οὐρανία［乌拉尼亚］,即"天空的",是阿芙洛狄忒在古希腊世界最常被证实和广为流传的崇拜头衔(最近研究:Rosenzweig 2004)。古代资料指出,在希腊土地上最古老和最神圣的宗教圣地阿芙洛狄忒被尊为Οὐρανία［乌拉尼亚］,同时他们将这一头衔与古代腓尼基人联系起来——据说是腓尼基人将她的崇拜介绍给了希腊人(希罗多德《历史》1.105;鲍萨尼阿斯《希腊纪行》1.14.7)。因此,一些现代学者将阿芙洛狄忒的崇拜头衔Οὐρανία解释为与古代近东爱神有明显联系(例如:Breitenberger 2006)。然而,其他学者认为,Οὐρανία这一绰号本质上来自父名,他们指出,正如赫西俄德在她诞生的故事中所述的那样,这个名字显然源于阿芙洛狄忒与乌拉诺斯(原始天神)的父女关系(《神谱》188—206);"天上的"这个绰号也暗示着她与印欧天神宙斯有根本的亲缘关系,宙斯在荷马史诗中被称为阿芙洛狄忒的父

图 6.2：贝壳中的阿芙洛狄忒，小型陶俑（Aphrodite in a seashell, Terracotta statuette, *ca.* fourth century BC, The Art Archive/National Archaeological Museum Athens/Gianni Dagli Orti）

亲（例如：在《伊利亚特》3.374）（Friedrich 1978）。因此，在关于她起源的两个主要古代神话中，阿芙洛狄忒与天空保持着直接而根本的联系——那里既是她的诞生地，也是她父系的来源。

另一种学术观点认为，阿芙洛狄忒的崇拜头衔 Οὐρανία 所暗示的天体特质（celestial aspect），源自她与早期印欧黎明女神的联系——后者后来演变为希腊的黎明女神厄俄斯（Boedeker

1974）。在这种情况下，生活在沿海地区和岛屿上的古希腊人会看到爱琴海东部的日出，因而将黎明和海洋联系起来；后来，又将这个印欧早期的黎明之神与阿芙洛狄忒从咸水中崛起的神话事件联系在一起。于是阿芙洛狄忒就代表了黎明时从海中崛起的天神，从而与她的主要诞生故事相吻合。根据这一论点，阿芙洛狄忒原始天神本质的证据很容易在希腊早期文献中找到，比如她经常使用的绰号 dia/διά "明亮的"（例如：在《伊利亚特》5.370）；也可以在她与云雾的联系中找到（例如帕里斯周围的薄雾《伊利亚特》3.381）；以及最明显的是她与天上众神的传统载具战车的联系。在古希腊的艺术和文学中，数不胜数的希腊神祇被描绘为乘着战车飞过天空，但值得注意的是，阿芙洛狄忒的座驾及役畜队伍往往与众不同。例如，在古希腊的花瓶画的描绘中，阿芙洛狄忒经常被描绘为坐在由马、鸟或带翼的爱若斯驾驭着的战车上的形象；有一个阿提卡红绘的双耳罐，描绘了众神与巨人之战（gigantomachy）的场景（约公元前400—前390年），其中阿芙洛狄忒女神驾着一辆由强壮的战马组成的双轮战车，而战神阿瑞斯站在她旁边，正用长矛刺向一个巨人。在荷马史诗《伊利亚特》第5卷中，阿芙洛狄忒在特洛亚战场上被希腊英雄狄奥墨德斯打伤后，女神请求阿瑞斯借给她战车，以便穿过天空逃离战场。

阿瑞斯把戴黄金额饰的马交给她。

她小心翼翼地登上战车,

伊里斯跟上车,接过了缰绳。

她抽响了鞭子,策马飞驰,

很快就冲进了奥林波斯山,

诸神的家园。

(《伊利亚特》5.363—367,隆巴多[Lombardo]译,1997)

在古希腊人的想象中,阿芙洛狄忒和其他气象天文现象也有联系。风或云的出现往往意味着她将要神显。在荷马第6首颂诗中,阿芙洛狄忒被湿漉漉的西风,即 Zephyros/Ζέφυρος [泽费罗斯]吹到了塞浦路斯岛(颂诗6.3,Ruden,2005)。在荷马第5首颂诗中,阿芙洛狄忒在作好引诱安喀塞斯的准备后,就直奔特洛亚城,"在云端高处,她快速穿过"(颂诗5.67,Ruden,2005)。希腊西部诗人伊比库斯(公元前6世纪下半叶)把情欲的开始描述为"像色雷斯北风,雷鸣电闪,从阿芙洛狄忒那里呼啸而来"(残诗286.8—10,Miller译,1996)。在希腊古代晚期,阿芙洛狄忒与金星联系在一起——它是天空中除了太阳和月亮之外最明亮的天体(Heimpel 1982),也被称为 Eosphoros/Εωσφόρος 晨星或 Hesperos/Έσπερος 昏星,因为希腊人发现，这个耀眼的天体非常接近太阳的轨道，并会在黄昏前或日出前的某个时刻发出最明亮的光（见柏拉图《蒂迈欧篇》38d；《法律篇》821c）。作为情人相会或别离的时刻，黄昏和黎明都有性的含义，因此它们对阿芙洛狄忒来说是神圣的，阿芙洛狄忒激发了白天和黑夜在转瞬间的交融，从而形成了一种宇宙的 mixis/μίξις［混合］。这样一种爱欲转变，在一首能追溯到希腊化时代（公元前3或前2世纪）的匿名希腊短诗中被唤起。

彻夜未眠

直到美丽的晨星来临，

莱昂提翁（Leontion）躺在那里，抱着

被金辉笼罩的斯泰尼奥斯（Sthenios）。

现在她向库浦里斯献上

她与缪斯一起弹奏过的七弦琴，

琴声穿透了漫漫长夜，

回荡在那个长夜狂欢中。

（诗5，《希腊诗选》5.201，瑞克斯罗斯［Rexroth］译，1999）

彻夜的欢歌与爱欲狂欢后，黎明时分天空中闪烁着晨星，预示着这对满足的恋人到了必须分开的时刻，也许她们会彼此

承诺再次相见。为了确认这一结果,音乐家莱昂提翁将她的乐器供奉在阿芙洛狄忒神龛里,这无疑是希望阿芙洛狄忒能在黄昏到来之时,再次展现她的神圣恩宠。

山脉

作为一位对天空有影响力的女神,阿芙洛狄忒也同样与山脉联系在一起,其中最著名的是特洛亚的伊达山、希腊科林多城的阿克罗科林多山(Acrocorinth)和西西里岛的厄律克斯山(Eryx)(关于阿芙洛狄忒和山脉:Friedrich 1978)。在希腊神话、文学和宗教崇拜中,山顶被视为介于陆地和天空之间的圣地。希腊诸神居住在山顶上,享有永生幸福——尤其是高高在上、笼罩在薄雾之中的奥林波斯山,但他们仍然与凡世保持着足够近的距离,干预着人类的生活。在希腊神话中,高山顶峰经常被描绘成跨界 mixis/μίξις [混合] 的圣地,众神和凡人在此相会、沟通和融合。因此,阿芙洛狄忒与山顶的密切联系反映了她的宗教意义的一个关键方面,即对 μίξις [混合] 的欲望,而她在山顶的神显也在她最著名的神话中起着重要作用。她在克尼多斯圣所的一个崇拜绰号是阿芙洛狄忒·Akraia/Ακραία [阿克莱亚],即"她关涉山顶"或"最高点",这可能是因为她那著名的崇拜雕像高耸在可以俯瞰海洋的悬崖或海角上(鲍萨尼阿斯《希腊纪行》1.1.3)。这一头衔也暗示了阿芙洛狄忒对高山之上纯净又醉人的空气的偏爱。

古希腊作家讲述了阿芙洛狄忒如何对特洛亚的伊达山顶——一个充满情欲的地方,以性吸引和寻求雄性刺激而闻名——产生了特别的感情。史诗诗人说,帕里斯的著名裁决就是在伊达山上进行的,在特洛亚王子授予阿芙洛狄忒女神选美比赛一等奖后,这里便成为她最喜爱的地方之一(《塞浦路亚》残篇1)。根据荷马的传说,在著名的 Dios Apatē/Διὸς Ἀπάτη 插曲(《伊利亚特》14.153—351)中,女神赫拉在阿芙洛狄忒的魔力帮助下,引诱她的丈夫——伟大的神王宙斯来到伊达山沾满露水的草地上。阿芙洛狄忒还发现,伊达山的崇高位置是不可抗拒的性交场所,这在最早的希腊文献中有记载(赫西俄德《神谱》1008—1010;荷马《伊利亚特》2.819—821)。整个故事在荷马颂诗第5首中展开,女神看到英俊的特洛亚牧牛人安喀塞斯"在伊达高山的泉水间"牧牛时(颂诗5.54,Ruden译,2005),立刻被唤起了与他同床共枕的强烈欲望。在塞浦路斯岛的帕福斯内殿沐浴、更衣、涂油后(颂诗5.58—66),阿芙洛狄忒穿过明亮的高空俯冲到伊达山的崎岖交叠处,在安喀塞斯舒适的山间小屋中引诱他。

> 她从云端高处迅速穿过,
>
> 抵达伊达山,那里泉源丰沛,养育着野生动物,
>
> 然后她穿过高山走到那处避所。
>
> 狂奔而来的群熊,捷捷扑食鹿的猎豹,
>
> 成群结对的灰狼和炯炯眼光的狮子环绕在她周围示好。
>
> 她看了看,发觉它们很迷人。
>
> 于是她抛洒出欲望,让众多动物
>
> 配对成双,在昏暗林蔽中寻欢共济。
>
> (《颂诗》5.67—74,鲁登[Ruden]译,2005)

阿芙洛狄忒对安喀塞斯强烈的爱欲也渗透进了当地环境,她兴致勃勃地鼓动原本凶猛、但现在变得顺从又轻佻的肉食动物在斑驳的山间灌木丛中成双成对地交配。一些学者认为,阿芙洛狄忒在这段诗中对野兽的影响,证明了她在这里被认定为小亚细亚大母神(Asiatic Great mother)的形象,或称库柏勒(Cybele/Κυβέλη)——她曾在古代伊达山上受到崇拜(Smith 1981; Breitenberger 2007);而其他学者更有说服力的看法是,在这些颂诗诗句中,阿芙洛狄忒对动物(animals)的控制,暗示了她可能与近东爱神的普遍力量有关,而后者经常被描绘为有权支配动物及其繁殖(Budin 2003; Faulkner 2008)。最重要

的是,这里称阿芙洛狄忒为"野兽的女主人",突出了她对原始山野环境的亲密关系,而她起初进入这个地方是为了实现她的性诱目的。实际上,伊达山真可谓是"野生动物之母"(颂诗5.68),因为在希腊文学和神话中,这座山是肉食性动物的传统领地——因此,阿芙洛狄忒驯服动物的一面,很可能主要与她到伊达山时强烈的性欲有关。

在古代重要的商业中心科林多古城上空,被称为Acrocorinth或"科林多高地"的一座巨大独石耸立在这里,它是这座城邦的坚固卫城。根据古代资料记载,科林多人相信是海神波塞冬和太阳神赫利奥斯之间的一场史前之争分割了他们的领土。在冲突结束后,海神波塞冬占领了地峡,而赫利奥斯控制了阿克罗科林多,从而将繁忙的水路与高山分开了(鲍萨尼阿斯《希腊纪行》2.1.6)。后来在传说中,赫利奥斯将阿克罗科林多授予了阿芙洛狄忒女神以作为她自己的圣地(鲍萨尼阿斯《希腊纪行》2.4.6)。在古典时代,阿芙洛狄忒的主要神庙位于阿克罗科林多的山顶(关于科林多的阿芙洛狄忒崇拜:pirenedelforge, 1994)。在后来的游记家鲍萨尼阿斯(公元2世纪)的描述中,那里的女神神龛上装饰着描绘赫利奥斯、手持弓箭的爱若斯,以及"全副武装的"(hoplismenē/ὁπλισμένη)阿芙洛狄忒雕像图案(《希腊纪行》2.5.1)。尽管在臭名昭著的古代逸闻中，可能会将科林多服务于阿芙洛狄忒的"神圣卖淫"活动（在斯特拉博《地理学》8.6.20 中有记载）当成历史编造的神话（最近一次：Budin 2008），但毫无疑问，女神的确受到了当地妓女以及穿过这座繁华商业区的各种商人、水手和游客的崇高敬仰。

在西西里岛，女神阿芙洛狄忒的圣地位于岛屿西北角树木繁茂的厄律克斯山。有证据表明，当希腊人从腓尼基人手里接管这个地区时，这块圣地敬奉的神可能已经从近东女神阿施塔忒变为了阿芙洛狄忒（关于崇拜：Pirenne-Delforge 1994）。古代资料指出，厄律克斯山上的阿芙洛狄忒·Erycinē/Ερυκίνη［厄律克涅］神殿可以追溯至远古时代，它也被描述为一个在财富上可以与塞浦路斯的帕福斯神殿相媲美的富有圣所（鲍萨尼阿斯《希腊纪行》8.24.6）。在神话传说中，阿芙洛狄忒拯救了一位阿耳戈英雄布特斯（Boutes/Βοώτης），他在被塞壬（Sirens/Σειρήν）的歌声迷住时跳下了船；这位女神爱上了他，并把他带到西西里西海岸的利里拜恩（Lilybaion），让他当上了国王（阿波罗多洛斯，《书库》1.9.25）。希腊西西里岛的历史学家狄奥多鲁斯（Diodorus of Sicily，公元前 1 世纪）指出，阿芙洛狄忒和布特斯的儿子是厄律克斯，他在山顶最高处为阿芙洛狄忒建造了一座引人注目的神龛和神庙，并在那里为阿芙洛狄忒·Ερυκίνη［厄律克涅］举行了一场祭拜仪式（《历史集成》[The Library of History] 4.83）；然而，罗马史诗诗人维吉尔（Vergil）说，是阿芙洛狄忒的特洛亚儿子埃涅阿斯在前往意大利的途中，于厄律克斯山上建造了这座神庙（《埃涅阿斯纪》5.759—760）。罗马历史资料表明，在第二次布匿战争（约公元前200年）前后，对阿芙洛狄忒·Ερυκίνη［厄律克涅］的崇拜从西西里岛传入罗马，她在那里受到崇拜，并被尊为维纳斯·厄里希娜（Venus Erycina）（李维《罗马史》22.9, 10; 23.30）。如果是这样的话，那么厄律克斯山的圣所将成为阿芙洛狄忒进入更广泛的罗马宗教背景中一个非常重要的连接点和过渡点。

鸟

由于鸟栖息在天空并能够轻松优雅地在空中翱翔，所以它们长期以来被视为神性洞见、神显和神变形的普遍象征（关于鸟类的早期宗教意义：Johnson 1994）。作为神的象征和伙伴，鸟在希腊神话中无处不在。在古希腊的艺术和文学中，阿芙洛狄忒经常和各种鸟相伴，它们栖息在她的肩膀、膝盖或手上，在她头上飞来飞去，或者牵引着她的空中座驾。与阿芙洛狄忒有关的最常见的鸟是白鸽、野鸽、麻雀和各种水禽，包括天鹅、家鹅和鸭子，这些都不是典型的肉食动物（Friedrich 1978）。

阿芙洛狄忒的鸟象征主要与她在天上和海中的面貌有关，而且，就像女神本人一样，这些鸟发挥了轻松跨越天地领域边界的中介功能。虽然阿芙洛狄忒的鸟徽明确表明她对天空和海洋的亲和力，但同时也强烈唤起了她对爱和性的支配，就像古希腊人认为鸟天生具有性欲一样。根据雅典喜剧剧作家阿里斯托芬（Aristophanes，约公元前448—前385年）的说法，鸟这一种族是性欲神爱若斯和原始空间缝隙卡俄斯神结合而产生的；因此，鸟的出现甚至比奥林波斯神都要早得多（《鸟》685—707）。在喜剧中，鸟合唱队长通过阐释它们像爱若斯一样有敏捷的翅膀，来证明它们与情爱领域的联系，而且它们能够促进爱情——因为鸟是激情礼物的象征，甚至可以打动最顽固的恋人。因此，在阿芙洛狄忒与她的鸟之间可能有不止一个术语作为中介，不仅关涉天上的和海中的，还有情爱的。

阿芙洛狄忒最重要和最持久的鸟象征是白鸽，这是一种友善的鸟，它包含了一种错综复杂的意义和价值网络：情感、和谐、和平、宁静与爱。这些性情温顺之鸟的"缠绵"行为，它们的鸣叫和咕咕声，以及对伴侣显露的喜爱，都暗示了它们与爱神最重要的影响范围有着相似之处。一些学者将阿芙洛狄忒与白鸽的关系模式，解释为对近东爱神，尤其是闪米特族的伊诗塔和腓尼基的阿施塔忒的崇拜的直接继承（最近：Breitenberger

2007）。其他学者发现，鸟和白鸽女神的形象在古代米诺斯—迈锡尼世界的其他地方也得到了证实（Friedrich 1978）；然而，在青铜时代爱琴海的传统形象中，只有很少的考古学证据不支持白鸽女神的存在。事实上，在现存的早期希腊文学中，白鸽与阿芙洛狄忒并无联系，尽管荷马史诗中多次提到白鸽，并通常直喻它们胆小的本性（例如，阿耳忒弥斯逃脱赫拉的故事：《伊利亚特》21.493；女奴们的故事：《奥德修纪》22.468）。凭借如此之少的文学和考古学证据，大概可以推测出，阿芙洛狄忒与白鸽的神话联系，独立于与早期女神有关的鸟的象征意义发展而来。

在公元前 6 至前 5 世纪及后来的希腊化时代，阿芙洛狄忒与白鸽的肖像结合，作为她的鸟母题的必要元素，在希腊艺术和宗教崇拜中随处可见。在古风和古典时代的希腊花瓶画中，阿芙洛狄忒经常被描绘与白鸽相伴。在一件被认为是画家奥尔托斯（Oltos，约公元前 515—前 510 年）作品的古风时代阿提卡红绘 kylix/κύλιξ［基里克斯陶杯］上，描绘了阿芙洛狄忒手握一只大白鸽，挨坐在阿瑞斯旁边，与众神共享盛宴的场景。古典时代晚期最有可能出自画家伊鲁佩斯（Ilioupersis）之手（约公元前 365—前 355 年）的阿普利亚红绘的涡形 kratēr/κρατήρ［双耳喷口杯］上的画面，在阿芙洛狄忒膝头绘了一只小鸟，可能是白鸽或麻雀。另有一个阿普利亚红绘 skyphos/σκύφος［双耳大饮杯］，或许与 κρατήρ 出自同一个作坊（公元前约 375—355 年），画中阿芙洛狄忒的手指上优雅地栖息着一只小白鸽。白鸽经常出现在阿芙洛狄忒位于雅典圣所的崇拜肖像中：在雅典卫城西南坡的阿芙洛狄忒·Pandēmos/Πανδήμος［潘德摩斯］神龛，白鸽喙上衔着打结的鱼片，装饰着进奉浮雕；此外，在雅典西北约 10 英里的达佛尼（Daphni），人们还在阿芙洛狄忒的神龛里发现了白色大理石雕成的小白鸽形状的祭品（Rosenzweig 2004）。希腊化时代（公元前 283—前 282 年）的阿提卡铭文提到，官方通过供奉白鸽或野鸽来净化阿芙洛狄忒·Πανδήμος［潘德摩斯］圣所。至少在希腊的艺术和宗教记载中，白鸽是阿芙洛狄忒的最佳象征。

关于阿芙洛狄忒和鸟最著名的文学记载，出现在希腊古代最著名的一首诗歌——萨福召唤她的守护女神的 *kletic*［**感召**］颂诗（第 1 首诗）中。萨福描绘了阿芙洛狄忒乘坐麻雀拉的战车从天上降临的场景。古希腊人认为，麻雀的性滥交和繁殖力就像现代人眼中的兔子一样值得注意，因此它们也是爱与性女神的适宜候鸟。而且，这种鸟速度快、善于社交、上进心强，也与阿芙洛狄忒出人意料且活力四射的神显相匹配。

不朽的阿芙洛狄忒,你坐在雕琢华丽的宝座上,
宙斯的女儿,诱捕的编织者,我请求你,
不要用悲伤和痛苦来压抑
我的心,啊,女士,

但请到我这里来,哪怕是在别的时候,也要到我这里来,
我的呼求抵达遥远之地,
你留心听了,便离开了你父亲的金殿
你要来了,

乘着你的座驾。优雅的麻雀
带你迅速穿过黑压压的地面,
伴随着翅膀的呼呼作响,
从天上直飞向半空中。

(诗1.1—12,米勒[Miller]译,1996)

阿芙洛狄忒经常与水鸟联系在一起,如天鹅、家鹅和鸭子。阿芙洛狄忒与水鸟的肖像,是她作为天神和海神两个方面的结合,象征着海天合一。同样,就像萨福诗中的麻雀一样,这些水鸟也与飞向或飞离天空的女神一同出现。在希腊艺术中,阿

芙洛狄忒常被一只水鸟驮着,她在鸟背上或站或坐,宛如飞行;或是乘坐由鸟牵引的战车,在天空中翱翔。水鸟驮着女神穿过天空的艺术形象,象征着她在海天之间的轻松穿行。这幅来自罗德岛的白底 κύλιξ[基里克斯陶杯]被认为是画家皮斯托塞诺斯(Pistoxenos)的作品(约公元前 470—前 460 年),画中描绘了阿芙洛狄忒骑着只巨鹅,她优雅地坐在这只飞禽的侧鞍上,头戴一顶端庄的帽子(sakkos/σάκκος),身着红色长裙,脚上穿着精致凉鞋,手里拿着一株卷曲的植物叶子。阿芙洛狄忒在塔兰托(约公元前 380 年)赤陶小雕像上的另一个代表形象则能使人联想起"鹅妈妈"(Mother Goose)这一现代形象,这尊雕像描绘了阿芙洛狄忒和一个小型的爱若斯正惬意地坐在大鹅身上的场景。天鹅也被描绘为阿芙洛狄忒的飞行交通工具,尽管有时在希腊艺术中很难区分家鹅与天鹅。在一幅可爱的阿提卡红绘 lekythos/λήκυθος[细颈有柄长油瓶]画中,女神戴着王冠,手持权杖,光脚悬垂,依偎在一只展翅的天鹅背上,仿佛在飞翔。另一个花瓶是古典时代晚期的阿提卡红绘雕像(约公元前 350 年),描绘的是阿芙洛狄忒站在一只大白天鹅的背上,它似乎在驮着她穿过海浪,旁边还有一只海豚。天鹅也与音乐有关,因此是阿波罗神的圣物,但它们表面上对伴侣的忠诚行为,与伴侣终生交配,暗示了它们与爱情女神的亲密关系。

更值得注意的是，天鹅在希腊神话中也有性含义，比如宙斯化作天鹅的雄姿去引诱阿芙洛狄忒最喜欢的凡人女子海伦的母亲勒达（Leda/Λήδα）的故事。

图 6.3：阿芙洛狄忒骑着天鹅或家鹅，白底基里克斯陶杯（Aphrodite riding a swan or goose, White-ground kylix, Pistoxenos painter, *ca.* 470–460 BC, The Art Archive/Harper Collins Publishers）

小结

我们在探究阿芙洛狄忒与海洋和天空的联系中,揭示了这样一位女神,她代表了两个领域在同一元素中的 mixis/μίξις 即"混合"。阿芙洛狄忒从海中崛起,升向天空的神圣行进,体现了女神对激发模糊的空间边界的不懈寻求。在古希腊的艺术、文学、宗教崇拜和神话中,我们已经看到女神如何展现出她的水生和天体属性。在水生方面,阿芙洛狄忒享有众多海洋圣地、圣所和尊称,她也保护和指引着航海者和船员们。海洋中的阿芙洛狄忒经常由涅瑞伊得斯仙女、海豚和其他海洋生物相伴。阿芙洛狄忒是一位对天空有影响力的女神,她有时被描绘成乘坐战车穿过天空的女神,有时也与宇宙现象有关。阿芙洛狄忒对山顶的喜爱也暗示着她与纯净高空的联系,正如她无处不在的鸟类象征一样。阿芙洛狄忒对海洋和天空的支配权,体现了她在自然界的广泛力量。

阿芙洛狄忒效应

Aphrodite
Afterwards

七、古希腊之后

在最后一章,我们将探讨阿芙洛狄忒作为美、装饰、爱和性的象征所具有的持久力量,这一形象超越了希腊古代,至今仍存在于现代流行文化中。作为这一研究的背景,我们首先总览希腊的阿芙洛狄忒与罗马的维纳斯之间的交集,探索在希腊-罗马古代,这两位女神的形象如何相互影响,罗马女神维纳斯形象后来又如何主宰了西方,尤其是主宰了欧洲的文学和艺术传统。接下来,本章将探讨"阿芙洛狄忒"品牌在当代市场营销、美容时尚广告以及图书出版中的各种含义和功能。最后,我们将考察现代影视作品中一些令人难忘的阿芙洛狄忒银幕形象,以此作为结尾。

阿芙洛狄忒和维纳斯

在古希腊作家和艺术家的想象中,以及在整个的希腊语世界的宗教崇拜和信徒仪式中，阿芙洛狄忒女神引发了一连串的特定形象和意义。她是美与装饰的化身，是爱欲 μίξις [交融] 的冲动，是海洋与天空元素领域之间的不断碰撞。然而，在希腊化时代的后几个世纪里，罗马作为地中海舞台上重要角色的出现，为这位希腊女神带来新的阐发和诠释。阿芙洛狄忒随后被罗马文化和政治机构挪用，并进行了某种程度上的改造。

最早的罗马人很可能崇拜的是一位名叫维纳斯的拉丁族女神，她有时与植被、花园和春天联系在一起，也可能融合了古代伊特鲁里亚人的爱神图兰（Turan）的特征（关于罗马人对维纳斯的崇拜：Schilling 1982）。已知罗马最古老的维纳斯神庙可能位于靠近马克西姆斯竞技场的阿文廷山（Aventine）的山脚下，是马克西姆斯（Q. Fabius Maximus Gurges）于公元前295年立誓所建。这座圣所是献给维纳斯·Obsequens [奥普塞昆]，即"放纵"或"顺从"女神的，这个时候她显然还没有和希腊的阿芙洛狄忒联系在一起。后来，在公元前3世纪中叶，出生在受希腊和罗马影响的意大利南部城市塔伦图姆（Tarentum）的双语戏剧家和史诗诗人利维乌斯·安德罗尼柯（Livius Andronicus，约公元前280年—前200年）将荷马《奥德修纪》改编成拉丁韵文，这是罗马文学史上具有独特文学和文化意义的事件。在翻译过程中，利维乌斯将希腊诸神的名字和人物罗马化,他似乎已经提出、延续或强调了希腊和罗马神祇之间——包括希腊的阿芙洛狄忒和罗马的维纳斯之间的联系。但是根据罗马史料(李维《罗马史》22.9, 10; 23.30)来看,官方的维纳斯和阿芙洛狄忒的宗教融合发生在公元前3世纪末(约公元前200年),当时维纳斯·厄里希娜崇拜从西西里岛的厄律克斯山的阿芙洛狄忒圣所引到了罗马。因此,到公元前2世纪初,希腊的阿芙洛狄忒和罗马的维纳斯之间或多或少建立起了神话、宗教和肖像联系,并在罗马本土的戏剧、艺术和诗歌中一直以这样的形象出现。

从这两位女神之间有利的联系中,我们看到,维纳斯/阿芙洛狄忒和希腊史诗循环讲述的英雄的光辉过往之间存在更明显的有价值的关联。罗马人很快便意识到把维纳斯作为他们全体人民的祖先在文化和政治上的好处。他们认为维纳斯是他们的直系祖先,她的儿子特洛亚英雄埃涅阿斯从燃烧的特洛亚废墟中逃出来后,来到意大利定居,定居地即后来的罗马城。在这里她被尊崇为 Venus Genetrix,即"母亲维纳斯",被赋予比希腊神祇阿芙洛狄忒更加母性的一面——正如我们所见,在早期希腊人的宗教思想中,阿芙洛狄忒从来都不是一位明显具有母性或生育特征的神祇(Budin 2003)。所有罗马人都将维纳斯作为他们国家的圣母来崇拜,而女神对罗马将军和独裁者尤利乌斯·恺撒（Julius Caesar，公元前100—前44年）尤其重要，他精明地将尤利安（Julian）gens［氏族］，即他的大家族的血统直接追溯到埃涅阿斯的儿子尤路斯（Iulus）——在拉丁语中，Iulius是专有名词Iulus的形容词形式，Iulius［尤利乌斯］与尤路斯属于同名家族。尤利乌斯·恺撒经常在他的个人宣传中使用这一神圣族谱，在公元前46年取得巨大胜利后，他甚至在新领地尤利乌姆（Iulium）为维纳斯建造了一座神庙（卡西乌斯·狄奥，《罗马史》［Cassius Dio, *Roman History*］，43.22.2）。后来，恺撒选择的继承人奥古斯都（公元前63至14年），以及其后所有尤利奥-克劳狄王朝（Julio-Claudian）的罗马统治者，都会定期强调皇室与维纳斯女神这种政治上有利的血缘联系。

受希腊影响的维纳斯最重要的文学形象之一，出现在《埃涅阿斯纪》第1卷，这是罗马伟大的诗人维吉尔（公元前70—前19年）在奥古斯都时期创作的著名罗马民族史诗。在这个史诗性场景中，女神出现在她的特洛亚儿子埃涅阿斯面前，埃涅阿斯的船只刚刚被暴风雨吹向迦太基，他不知道自己身处何地，也不知道自己该做什么。维纳斯伪装成一个年轻的女猎人，鼓励他不要自怨自艾，而应去寻求女王狄多（Dido）的支持，她帮助他履行自己的职责，让他踏上通往意大利的注定之路。当维纳斯离开他时，她允许自己的真实身份——既神圣又母性的身份——通过伪装显露出来,这让孤独的埃涅阿斯感到惊讶又痛苦。这个场景充斥着源自希腊文学和艺术的肖像元素和细节,同时又强调了这位罗马女神母亲和她的儿子——罗马伟大的开国英雄之间的复杂关系。

她说完话,转过身去,她的颈项
如玫瑰般闪耀。不朽的芳香
从她散发迷人香气的卷发中弥漫开来,
她的长袍垂落到脚,
每走一步都显示出她的神性。
埃涅阿斯认出了自己的母亲,
追踪着她急速退却的背影喊道:

"您哦!非要用虚假的外表
骗您的儿子吗?为什么我们不能
至少拥抱一下,推心置腹
用我们自己真实的声音?"

一面指责着,
埃涅阿斯一面转身向城里走去。

> 维纳斯,以一己之力,用一片乌云
>
> 遮住她的儿子以及他的同伴们,
>
> 130　让他们笼罩在迷雾中,使得任何人都看不见他们,
>
> 他们走动时,不会被人拦住,
>
> 盘问他们来的原因。
>
> 然后她就升入天空,前往帕福斯,
>
> 高兴地再次看到她的神庙,在那里,
>
> 阿拉伯的熏香(Arabian Incense)从一百个祭坛中袅袅升起,
>
> 清新的花环散发出甜蜜的芳香。
>
> (《埃涅阿斯纪》1.402—417,隆巴多[Lombardo]译,2005)

　　这种对神话肖像学的影响可能是双向的,一些证据表明,希腊化后期的希腊女神阿芙洛狄忒形象也受到了这种影响,甚至在罗马人对其民族母亲神的崇拜所施加的强大而普遍的影响下发生了变化。在希腊化后期,当希腊人正试图决定如何应对罗马日益增长的政治和军事权威时,一些希腊城市似乎操纵了对阿芙洛狄忒/维纳斯的描述和隶属关系,以赢得日益强大的罗马人的外交支持和保护(最近,有大量的证据表明:Wallensten 2009)。这些希腊人的策略包括宣称他们与埃涅阿斯的特洛亚亲属有血缘关系、夸大他们与特洛亚人的关系,以此来暗示他

们与特洛亚后裔罗马人有种族或家族上的关联。更值得注意的是，在希腊化时代的某些希腊城市，阿芙洛狄忒的形象同她在当地宗教崇拜中的性质似乎一道被改写了，某些罗马化元素日益凸显。具体而言，在罗马统治背景下，希腊化晚期的希腊女神阿芙洛狄忒的性格似乎变得更具母性，更具有尚武倾向，也更关心行政官僚——例如，她充当了政治裁判官的神圣守护角色。简而言之，阿芙洛狄忒变得更加罗马化了，因为希腊化晚期的希腊人敏锐地发现，将他们的女神比作地中海的新主人圣母维纳斯时，能够获得众多内在的政治和外交利益。

在希腊-罗马时代之后的几个世纪里，罗马的维纳斯形象主宰了文学和艺术领域，而希腊女神阿芙洛狄忒却很少以希腊的原始化身形象出现。尽管"阿芙洛狄忒"的名字和形象可被用作女性美、爱和性的潜在同义词，但在整个西方传统中，尤其是在欧洲，这些概念几乎总以罗马的维纳斯形象为象征。中世纪法国宫廷爱情诗人创作的诗歌，将心爱的女人理想化为维纳斯女神，而意大利文艺复兴时期的艺术家则雇用他们的情妇或他们富有的赞助人的情妇作为模特，在绘画和雕塑中讽喻地描绘维纳斯。伊丽莎白时代以戏剧著称于世的威廉姆·莎士比亚（William Shakespeare, 1564—1616）还写了一首长篇叙事诗《维纳斯与阿多尼斯》（*Venus and Adonis*, 1593），讲述了女神对英俊青年强烈爱欲的神话。英国浪漫主义诗人如约翰·济慈（John Keats, 1795—1821）和佩西·比希·雪莱（Percy Bysshe Shelley, 1792—1822），本以各种抒情形式颂扬希腊文化而闻名，然而他们的诗作仍然像罗马作家那样引用"维纳斯"，正如济慈诗《恩迪弥翁》（*Endymion*, 1818）中的这几句诗句所言："……看她盘旋的双足／比海中维纳斯的脚更蓝、更软、更白、更甜。"（行 624—626）甚至是奥地利作家利奥波德·萨克尔 - 莫索克（Leopold Sacher-Masoch）的中篇爱情小说《穿裘皮的维纳斯》（*Venus in Furs*, 1870）也激发了美国音乐家卢·里德（Lou Reed）的灵感，他写了一首同名流行歌曲《穿裘皮的维纳斯》（*Venus in Furs*, 1967），这首歌也出现在了他的乐队"地下丝绒"（Velvet Underground）的首张专辑中。因此，正如这个简短而主观的调查所表明的那样，至少在西方文化史上，代表古代爱、性与美神的主要神话人物，显然是拉丁文学和艺术传统中罗马女神维纳斯，而非希腊女神阿芙洛狄忒。

今天的阿芙洛狄忒

如今，阿芙洛狄忒比以往任何时候都更巧妙地作为吸引人的品牌进行营销。也许是因为"阿芙洛狄忒"这个名字在很大程度上被排除在更为规范的西方艺术和文学体裁之外,因而可以给当前的大众意识带来一些陌生而又新鲜的东西:维纳斯这个称呼听起来既老旧又乏味,就像博物馆目录或大学教科书中的东西一样;而阿芙洛狄忒这个名字则听起来新颖、前卫又时尚。最近,女神的名字和形象被塑造成当代魅力与魔力的缩影,这唤起了她最本质的神圣影响领域:那就是,以性诱为目的,对面部、头发和身体进行的美化和装饰。

要想发现阿芙洛狄忒在现代流行文化中的主要地位,我们仅需要关注炫目的时尚和美容广告业务。如今,"阿芙洛狄忒"之名与女神的形象广泛应用在世界各地,以此吸引顾客购买美容服务、美容潮流和美容产品。有几款阿芙洛狄忒品牌的美容霜、乳液和磨砂膏,都强调了对天然有机成分的使用,如希腊橄榄油、山地草药,以及海藻、藻类和海盐等海洋萃取物。在克里特岛生产的阿芙洛狄忒品牌的一系列美容产品的宣传中,厂家承诺其秘密的古老配方"经得起时间考验"。阿芙洛狄忒的名字为各类美容服务供应商的入口和门户网站增色不少,包括发廊、激光治疗室、美容和整形外科工作室、美容用品商店和皮肤护理中心。美容企业会在广告中使用阿芙洛狄忒的名字和形象来展示他们的专业领域:一个是"新娘化妆专家",另一个是"选美顾问",还有一个是组织特殊场合的"美容盛宴"。

关于希腊神话人物一种极具时髦感的现代搭配是把"阿芙洛狄忒美容院"放在"宙斯健身房"旁边,并把女神的场所描述为"远离健身房的放松之地"。欧洲一家著名的高级美容产品供应商开设了一个别出心裁的网站,敦促访问者"拥有女神般的容貌——阿芙洛狄忒",并提供了一系列"灵感来源于阿芙洛狄忒的产品,可以释放你内心的爱神"。该网站列出了几乎所有的阿芙洛狄忒的特定气味、颜色和属性,伴以最精准的神话引文,推广诸如"贝壳色"面部彩妆,充满"地中海精华"的"桃金娘和玫瑰"古龙香水,一种叫"三面镜"的茶色指甲油,以及"白鸽""麻雀"和"天鹅"色调的奶油色眼影,保证会带来"真正的爱情鸟的吸引力"。这个网站上展现的购物清单模式,让人回想起最早期的希腊文本(如《伊利亚特》3.396—398;《奥德修纪》8.362—366)中对阿芙洛狄忒美体的描述。另一个流行的、超时髦的指甲油品牌最近推出了一款名为"阿芙洛狄忒的粉色睡衣"的色号,毫无疑问,它对消费者的吸引之处不仅在于有趣的行内押韵格式,还在于瓶身迷人的绯红颜色,以及爱神内衣的性挑逗意味。

在阿芙洛狄忒形象咨询公司(Aphrodite Image Consultancy)——一家国际形象指导中心,顾客会被"成为模特!成为选美皇后!成为空姐!"的花言巧语诱惑,从而报名参加个人课程或企业讲习班，以充分释放她们的美丽和时尚潜力。这家公司奢华的广告显然将阿芙洛狄忒的流行形象作为激发爱情的美丽神圣化身，以此来吸引潜在客户，达到成功。

阿芙洛狄忒（"从海洋泡沫中升起"）是希腊的爱神和美神。她经常被描述成一位华丽、完美、永远年轻，以及拥有傲人身材的女人。她的腰带具有蛊惑爱情的魔力。

也许长相并不代表一切。但美是一个主要困扰。在一个我们被"完美"的名人形象轰炸的世界里，我们都有对自己的长相感到不满意的危险。追求不切实际想法的压力会扼杀时尚和美丽的乐趣，还会带来严重的自卑。

在阿芙洛狄忒形象咨询公司，我们有能力帮助您掌握真实情况，打造您的个人风格，并接触到您自身对美的看法。我们有使您变美的技巧，拥有了美丽，您就能更好地以尊重和赞美的方式获得爱。

（来自 www.aphrodite.com.sg）

在时尚广告和促销的世界里，阿芙洛狄忒的名字、肖像和神话故事也经常用来吸引消费者。阿芙洛狄忒这个名字可以在许多与时尚相关的企业名称和营销中找到,包括服装制造商、干洗店、高级成衣店、服装仓库和经销商、珠宝设计师,也包括网上和街头精品零售店。虽然阿芙洛狄忒主要与女性时尚行业有关,但一些男装专卖店也在其店名和营销内容中加入了她的名字——也许,对阿芙洛狄忒的暗示是为了让人联想起古希腊神话中她那些英俊且衣着讲究的男性宠儿形象,比如帕里斯、安喀塞斯和阿多尼斯。一家名为"阿芙洛狄忒时装秀"(Aphrodite's Fashion Show)的时尚网站,鼓励其会员和顾客创建并保存"时尚拼贴":这些拼贴将服装、鞋子、珠宝、帽子、手袋和其他时尚配饰与个人照片集合在一起,营造出一种特别的时尚氛围。再者,各种叠加起来的装饰品的层次效果,让人回想起文学作品中描绘的阿芙洛狄忒那些服装、珠宝和发饰等个人时尚储备(特别是《荷马颂诗》中所述:颂诗 5.58—66,84—90;颂诗 6.5—18)。该网站声称,它为"时尚人士"设计,主要针对女性,"除非某些玩世不恭的神决定观看"——这句话出自吟游诗人得摩多科斯那个讲述阿芙洛狄忒暴露在奥林波斯众男神的注视之下的故事,这可能是无意中颇具学问意味的说法(《奥德修纪》8.266—369)。根据所发布的服装的配色方案、形状和风格,每件衣服都配有一条能使人回想起希腊神话中阿芙洛狄忒的事迹的说明标签，例如"与凡人乱搞""访问冥间""不参加赫拉派对""欢迎佩耳塞福涅""海神波塞冬的海滩派对"，以及特别引人注目的"清理潘多拉的烂摊子"。很难想象古道端庄的罗马维纳斯会参与这种轻浮的时尚娱乐活动。

然而，当维纳斯已经在传统文学市场占据主导地位时，阿芙洛狄忒却刚刚在同时代书店里崭露头角。最近，对阿芙洛狄忒的名字和形象进行营销的趋势迅速蔓延到图书出版业，只要简单使用女神这个听起来很有说服力的名字，就可以保证任何出版企业都能获得丰厚的收益。自从伊莎贝尔·阿连德（Isabel Allende）的《阿芙洛狄忒：感官回忆录》（*Aphrodite: A Memoir of the Senses*，1998）出版以来，"阿芙洛狄忒"这个名字在各种不同主题领域的书籍封面上的吸引力大增。有趣的是，这些书与阿芙洛狄忒本人几乎没有或根本没有关系，当然，其中不包括关于古希腊宗教、神话和文学主题的学术书籍；相反，这些非经典作品主要利用阿芙洛狄忒这个诱人的名字作为外表的封面装饰，以此来吸引顾客购买这本书。即便是阿连德的那本315页的书，也只是探讨了烹饪与性交叉点的冥想，几乎没有提到阿芙洛狄忒，只是在解释"催情"（aphrodisiac）一词的起源时浅提了一笔。

> 海洋软体动物和甲壳类动物被认为具有最高的催情价值，其中牡蛎居首。"催情"这个词来自希腊爱神阿芙洛狄忒，在克罗诺斯阉割了他的父亲乌拉诺斯并将其生殖器扔进深海后——这是一种相当不自然的受精方式，她在海洋泡沫中诞生，但在这种情况下，它很有效，美丽的阿芙洛狄忒在海浪的泡沫中诞生了。
>
> （阿连德 1998, 137）

自 20 世纪 90 年代末以来，其他一些作家和出版商纷纷效仿，用阿芙洛狄忒的名字作为封面以诱惑读者。这种独特营销的目标受众并不总是那么容易分类，甚至不容易辨别，因为阿芙洛狄忒的名字被广泛应用在许多主题领域和学科。然而，这些书的基本目标却总是显而易见：这些书名旨在让人联想起希腊女神所代表的美、爱和性的概念。虽然人们认为阿芙洛狄忒这个名字可能会被用来收集爱欲文学，也就是关于爱欲主题的诗歌和短篇小说，但最近这个名字更常在一些非小说作品中呈现，用于描述爱欲学或性觉醒的个人经历。最近的两个例子是贾拉贾·邦海姆（Jalaja Bonheim）的《阿芙洛狄忒的女儿：女人的爱欲故事和灵魂之旅》（*Aphrodite's Daughters: Women's Sexual Stories and the Journey of the Soul*, 1997）和珍妮特·贾菲-朗格利亚(Jeanette Jaffe-Longoria)的《阿芙洛狄忒和我：在任何年龄都能发现的性感和浪漫》(*Aphrodite and Me: Discovering Sensuality and Romance At Any Age*, 2004)。泰利·洛兰特(Terry Lorant)的一组惊人的女性裸体照片集，以及罗兰·埃斯卡纳齐(Loren Eskenazi)博士的笔记《重塑阿芙洛狄忒》(*Reconstructing Aphrodite*, 2001)，记录了 21 名乳腺癌幸存者在重塑手术后的身体变化，强调了女性身体的持久美丽和力量。阿芙洛狄忒也出现在卧房装饰的类别中，如伊丽莎白·米勒(Elisabeth Millar)这本使用香来增强性体验的指南：《释放阿芙洛狄忒：爱与浪漫的芳香春药》(*Releasing Aphrodite: Aromatic Aphrodisiacs for Love and Romance*, 2006)。在浪漫小说中，阿芙洛狄忒的名字在吸引读者方面具有最显著的效果。例如斯图尔特·哈里森(Stuart Harrison)在 2004 年出版的《阿芙洛狄忒的微笑：一部充满激情和悬念的催情小说》(*Aphrodite's Smile: A Mesmerizing Novel of Passion and Suspense*, 2004)，似乎根本不需要它那自吹自擂的副标题。言情作家朱迪·肯纳(Julie Kenner)的畅销小说"阿芙洛狄忒"系列包括《阿芙洛狄忒的吻》(*Aphrodite's Kiss*, 2001)、《阿芙洛狄忒的激情》(*Aphrodite's Passion*, 2002)、《阿芙洛狄忒的秘密》(*Aphrodite's Secret*, 2003)和《阿芙洛狄忒的火焰》(*Aphrodite's Flame*, 2004)。

诗人贝基·古尔德·吉布森（Becky Gould Gibson）的最新诗集《阿芙洛狄忒的女儿》（*Aphrodite's Daughter*, 2008）又回到了这位女神的文学根源——古希腊诗歌。从出版作品中所选取的这些为数不多的例子，已经揭示了阿芙洛狄忒这个品牌名具有的高推广价值和影响力。

也许古希腊的讽刺诗人，帖撒罗尼迦的安提帕特（Antipater of Thessalonica, 约公元前1世纪）已经颇有先见之明地认识到了营销阿芙洛狄忒的名字和形象的创业意义。根据安提帕特的说法，女神就像古代传说中的皮洛斯（pylos）国王涅斯托尔（Nestor/Νέστωρ）一样，因为涅斯托尔统治着三代凡人（《伊利亚特》1.250—252），而阿芙洛狄忒目前控制着人类三大时代最昂贵和最贵重的金属。在这些有趣的诗行中，诗人似乎暗示着爱欲和金钱齐头（并进）。

> 曾经有过黄金时代、青铜时代和白银时代
> 但现在库特瑞娅将这三个时代合而为一。
> 她尊敬金人，热爱铜人，
> 而且从不放弃银人。
> 帕福斯女神实际上就像涅斯托尔啊！
> 我甚至认为宙斯来到达那厄（Danaë）时，

他自己并非黄金,而是一百枚金币的持有者。

(《希腊诗选》5.31,作者译)

电影和电视

女神阿芙洛狄忒也在大大小小的银幕上闪亮登场。近年来,描绘古希腊罗马世界的影视作品已复苏,电影和电视制作人使用了几种不同的经典来源作为他们的创作灵感。一些影视作品直接以古希腊罗马时代为背景,另一些电影和电视节目则利用了古典神话和文学的情节、主题和原型。阿芙洛狄忒的银幕形象出现在这两种类别中,而每种类别都是为了在视觉潜能上突出刻画她最重要的身体特征,以及与之相伴的许多故事和属性。虽然罗马的维纳斯形象继续更频繁地出现在对古代爱、性与美神的电影引用中,但是阿芙洛狄忒在现代电影和电视作品中也有一些值得注意的亮相,如下面的简短调查所示。

20世纪50至60年代初,在大银幕史诗电影的全盛时期,意大利古装动作片(sword-and-sandal)的一个子类别"**佩普姆(*peplum*)电影**"变得非常受欢迎,在商业上也有利可图。这些影片的故事背景都设定在古代,其中许多情节都取材于希腊罗马的历史或神话——通常相当松散。1958年,两部以阿芙洛狄忒的名字和形象为主题的电影被制作出来，而且都利用了女神雕像的视觉和叙事主题（对这两部电影的简要小结：Elley 1984）。第一部电影《爱神阿芙洛狄忒》（*Aphrodite, Goddess of Love*, 1958）最初以《喀罗尼亚的维纳斯》（*La Venere di Cheronea*，1958）的名义发行，由意大利和法国联合制作，由费尔南多·切尔基奥（Fernando Cerchio）和维克多·图扬斯基（Victor Tourjansky）执导，主演是比琳达·李（Belinda Lee）和马西莫·吉洛提（Massimo Girotti）。故事发生在希腊与马其顿交战期间，也就是公元前338年喀罗尼亚战役之前，集中讲述了历史雕塑家普拉克西特利斯（吉洛提饰）和李饰演的美丽的女仆艾瑞丝（Iris）的故事——其中，艾瑞丝是著名的"克尼多斯的阿芙洛狄忒"雕像的模特。一天，艾瑞丝发现一名被冲到海滩上的由雅克·塞尔纳（Jacques Sernas）饰演的受伤的马其顿士兵卢西恩（Lucian），两人情不自禁地坠入了爱河。普拉克西特利斯嫉妒他们的幸福，于是把卢西恩出卖给了希腊军队。绝望的艾瑞丝逃离了雕塑家，试图找到她的爱人，但很快被希腊士兵抓住。而卢西恩逃跑后救出了艾瑞丝，两人在影片结尾幸福地重聚了。然而，电影真正的高潮是在普拉克西特利斯工作室的那一幕，艺术家挡住了马其顿士兵对他著名的雕像"阿芙洛狄忒"的进攻。

同年，马里奥·博纳德（Mario Bonnard）导演了《爱神阿芙洛狄忒》（*Afrodite, dea dell'amore*，1958），英文名为《科林多的女奴》（*Slave Women of Corinth*, 1958），由伊莎贝拉·科瑞（Isabelle Corey）和安东尼奥·德·特夫埃（Antonio de Teffè）主演。这部电影同样以一位陷入浪漫困境的艺术家为主角。在公元67年，艾弗·加拉尼（Ivo Garrani）饰演的科林多当地总督安提戈努斯（Antigonus），他为了讨好罗马皇帝尼禄（Nero），委托由特夫埃饰演的著名的雕刻家德米特里厄斯（Demetrius）为这座城市的神庙雕刻一尊新的阿芙洛狄忒女神雕像。现在，德米特里厄斯被迫要在两个女模特中间作选择：由艾琳·唐克（Irène Tunc）饰演的迪亚拉（Diala），这个雄心勃勃的腓尼基妓女勾引了安提戈努斯；由科瑞饰演的莱娜（Lerna），善良温柔的金发女奴，也是一个狂热的基督徒。根据这类电影的套路，德米特里厄斯爱上了莱娜，并皈依了新宗教。经过多次行动与阴谋，当地基督徒都被逮捕并被判处死刑，多亏罗马军队及时介入，营救了德米特里厄斯和莱娜，使混乱的科林多恢复了秩序。这两部佩普姆电影都以希腊艺术家对美女模特的浪漫爱欲作为主题，并将艺术家创作的美与性神阿芙洛狄忒雕像在叙事和视觉背景上形成对比，从而取得了不同程度的成功。

阿芙洛狄忒雕像作为电影中的一个母题，在两部截然不同的影片中也以视觉印象的形式重现了两次（关于使用神话典故作为视觉电影的引用：Solomon 2001）。在导演斯坦利·库布里克（Stanley Kubrick）的《斯巴达克斯》（*Spartacus*, 1960）中，有一个发生在由查尔斯·劳顿（Charles Laughton）饰演的平民贵族罗马参议员格拉库斯（Gracchus）别墅里的场景：在场景的中间背景，即摆满美食佳肴的餐桌后面，布景师放了一个克尼多斯的阿芙洛狄忒摹制雕像。场景中显眼的雕像强调了富有的精英参议员格拉库斯的文化修养，也暗示了他爱勾搭女人、放荡不羁的享乐主义者身份。在这一幕，格拉库斯承认，"我是一个滥交的人"，"而且，不像这些贵族，我不会发誓结婚……我知道我的本性不允许我这么做。"这位参议员在他的别墅里表现出的艺术品位，就像剧本里的对白一样，证实了他的性格。

在很久之后的一部电影中，Knidia［克尼迪亚］类型再度出现，这一次是在罗伯特·泽米基斯（Robert Zemeckis）导演的惊悚喜剧《飞越长生》（*Death Becomes Her*, 1992）中。这部电影由梅丽尔·斯特里普（Meryl Streep）和戈尔迪·霍恩（Goldie Hawn）主演，她们饰演两个互为对手的蛇头美女，上演了一个追求永葆青春美丽的故事。在一个关键场景中，由斯特里普饰演的不死的玛德琳（Madeline）与霍恩饰演的海伦（Helen）在她豪华的露台上发生了激烈的争执。露台装饰十分古典，有一个很大的泳池，壁龛里还摆放着一尊克尼迪亚的阿芙洛狄忒大理石摹制雕像。玛德琳拿起一把猎枪，在对手的腹部炸开了一个餐盘大小的洞，在阿芙洛狄忒雕像的注视下，海伦向后跌倒在泳池里。但海伦也喝下了神奇的长生不老药，所以她不会死——相反，当她像水生女神一样浮出水面时，摄像机对准了她肚子上的洞，通过这个洞可以清楚地看到Knidia。"看着我，"海伦尖叫道，"我湿透了！"在这个黑色喜剧场景中，阿芙洛狄忒雕像的出现有助于定义这部电影的基本主题，那就是女性对青春、美丽和永生的极度渴望。

阿芙洛狄忒在著名的神话电影《诸神之战》（*Clash of the Titans*，1981）中扮演一个真正的神祇角色，这部电影由德斯蒙德·戴维斯（Desmond Davis）导演，著名的特效师雷·哈里豪森（Ray Harryhausen）制作。影片完全改编自希腊英雄佩耳修斯（Perseus/Περσεύς）的神话，由哈利·哈姆林（Harry Hamlin）饰演的佩耳修斯面对着天上俯视他并用神怒操控他命运的奥林波斯诸神，展现了各种实力和勇气的壮举。饰演希腊诸神的演员皆是全明星阵容，包括扮演宙斯的劳伦斯·奥利维尔（Laurence Olivier），扮演赫拉的克莱尔·布鲁姆（Claire Bloom）和扮演忒提斯的玛吉·史密斯（Maggie Smith）。电影制作团队还邀请了瑞士美女乌尔苏拉·安德莱斯（Ursula

Andress）出演阿芙洛狄忒，她在影片中帮助佩耳修斯追求由朱迪·鲍克（Judi Bowker）饰演的安德洛墨达（Andromeda）公主。将近20年前，安德莱斯出演了电影史上最著名的一幕：这是詹姆斯·邦德（James Bond）的第一部官方电影《诺博士》（*Dr. No*, 1962）中的场景，银幕上，由安德莱斯饰演的贝壳潜水员莱德（Honey Ryder）穿着颇具现代感的白色比基尼从海中浮出水面，就像新生的阿芙洛狄忒。这一幕在视觉上象征着一位美丽又性感的女性角色，在过去50年里，这一场景在其他几部电影中多次上演，包括最近由女演员哈莉·贝瑞（Halle Berry）在电影《择日而亡》（*Die Another Day*, 2002）中饰演的邦德女郎金克斯（Jinx）时的表现。因此，这一身穿比基尼的场景会增强人们对安德莱斯在《诸神之战》中饰演大洋女神阿芙洛狄忒的认同感，因为电影观众肯定会联想到，她在前一部电影中从诺博士的加勒比海岛的海浪中近乎神话般地出现。在《诸神之战》的拍摄过程中，这位女演员和希腊爱神之间还发生出一种电影之外的联系——安德莱斯与比她年轻许多的英雄搭档哈姆林陷入感情纠葛，并在拍摄结束时生下了儿子迪米特里（Dimitri），这也是她的独生子。可见，在被塑造成完美的阿芙洛狄忒之后，安德莱斯似乎就活在了这个角色里。

其他几部故事并非发生在古希腊罗马时代的现代电影也都

引用或化用了阿芙洛狄忒的名字、形象和神话故事。例如，由曾执导过巨蟒剧团（Monty Python）的特里·吉列姆（Terry Gilliam）执导的奇幻动作片《蒙乔森男爵历险记》（*The Adventures of Baron Munchausen*，1989），其中就包含了一个引人注目的神话序列，展现了人们耳熟能详的女神从海洋诞生

图7.1：《诸神之战》中的阿芙洛狄忒（乌尔苏拉·安德莱斯饰演）（Aphrodite [Ursula Andress] in Clash of the Titans, 1981, MGM/The Kobal Collection）

的神话母题。在约翰·内维尔（John Neville）饰演的男爵的一次冒险中，他发现自己身处于由奥利弗·里德（Oliver Reed）饰演的伏尔甘神（Vulcan）的家中，面前一个巨大的双壳类贝壳机械地打开，露出里面由乌玛·瑟曼（Uma Thurman）饰演的可爱的金发女神。她以克尼迪亚的阿芙洛狄忒姿势全裸而立，

图7.2:《诺博士》中的莱德（乌尔苏拉·安德莱斯饰演）（Honey Ryder [Ursula Andress] in *Dr. No*, 1962, DANJAQ/ EON/UA/The Kobal Collection）

两个体态轻盈的黑发女仆优雅地朝她飞来,手持一片精致的白色长纱在她四周围起来,直到她穿好衣服。这个场景在视觉上明显是对波提切利的著名画作《维纳斯的诞生》(约1485年)的致敬,而《维纳斯的诞生》的创作灵感则来自普拉克西特利雕刻的著名古代裸体雕像。在当代电影中,阿芙洛狄忒从海中 ἄνοδος[崛起]仍然是她神性中最有魅力和最独特的象征之一。

伍迪·艾伦(Woody Allen)执导的喜剧电影《非强力春药》(*Mighty Aphrodite*, 1995)虽然在影片名中使用了女神的名字,但故事情节却取材于古代神话故事中那位来自塞浦路斯岛、爱上了自己创作的雕像的雕塑家皮格马利翁(Pggmalion)。就像20世纪50年代两部以《阿芙洛狄忒》为标题的佩普姆电影一样,《非强力春药》探讨了男性主观上塑造女性形态和意识的渴望或需要这一主题:在这部电影中,艾伦饰演的体育新闻记者莱尼(Lenny)企图重塑由米拉·索维诺(Mira Sorvino)饰演的妓女琳达(Linda)的生活方式。除了神话背景之外,《非强力春药》还具有古希腊戏剧的戏剧性特征,包括几个偶尔出现的文学人物(如伊俄卡斯忒[Jocasta]、俄狄浦斯[Oedipus]和忒瑞西阿斯[Teiresias]),以及一个对故事进行评论的希腊合唱队——他们的场景在西西里岛陶尔米纳(Taormina)的格列柯(Greco)剧院拍摄。虽然电影的片名充满了古典气息,但女

141

神这个诱人的名字却暗示了影片艺术和浪漫的主题。

音乐剧《妈妈咪呀!》(*Mamma Mia!* 2008),由菲利达·劳埃德(Phyllida Lloyd)和皮尔斯·布鲁斯南(Pierce Brosnan)主演,故事发生在希腊一个名叫"夏日时光"(Kalokairi)的小岛上(外景拍摄于希腊的斯科派洛斯岛[Skopelos]),斯特里普饰演的活泼的单身母亲唐娜(Donna)经营着一家破旧的别墅酒店,据说这家酒店占据了阿芙洛狄忒圣泉的古址。在喧闹的舞蹈和歌唱中,剧情围绕唐娜的女儿,阿曼达·塞弗里德(Amanda Seyfried)饰演的年轻的准新娘苏菲(Sophie)展开,她希望能在母亲不知情的情况下找到自己父亲是谁——她的父亲后来被证明是布鲁斯南饰演的英俊又成功的建筑师山姆(Sam)。影片最后,当父母重聚,其他人都结成了浪漫的伴侣,婚礼派对正如火如荼进行时,一个震动震开了舞池中央的海豚镶嵌图案,一股巨大的水花喷涌而出,洒在所有狂欢者身上。在这场清凉的淋浴中,唐娜大喊道:"这是阿芙洛狄忒!"因为她意识到这神圣干预的真正来源,激励着每个人去寻找爱情,同时也让大家湿透了身子。

在电视领域,阿芙洛狄忒作为一个角色,出现在两个重要而有影响力的系列中,它们都采用了古代神话母题和叙事。首先是由凯文·索博(Kevin Sorbo)主演的《大力神:传奇之旅》(Hercules: The Legendary Journeys, 1995—1999),它根据希腊英雄赫拉克勒斯故事改编,并最终成为世界上最受欢迎的电视连续剧。大力神的成功,启发了其他几个以古代为背景的电视节目,包括一部由露西·劳里斯(Lucy Lawless)主演的广受欢迎的衍生邪典剧《西娜:勇士公主》(Xena: Warrior Princess, 1995—2001)。这两部剧都是以古希腊为背景的历史奇幻剧,由灵活的时间线、背景和事件搭建而成,在这里,各种神话和历史人物会一起出现,并自由互动——这种混合的方式增强了对粉丝的奇特吸引力。在这两个系列中,由亚历山德拉·泰丁斯(Alexandra Tydings)饰演的女神阿芙洛狄忒,作为爱神这样一个重要角色出现在很多集里。阿芙洛狄忒被描绘成一位漂亮、婀娜多姿的年轻女子,她留着金色长卷发,散发着"加州海滩女孩"的清新魅力。她通常穿着轻薄的半透明粉红色紧身内衣或比基尼。作为一个角色,她通常被刻画成一个开朗、有趣、乐于助人的人,但有时也会狡诈和诡计多端,而在一些故事情节中,她表现出了心胸狭窄,甚至报复心强的本性。在大力神系列中("The Apple"第二季,第17集),当一个巨大的海扇贝壳漂向海滩时,就意味着阿芙洛狄忒即将登场了。贝壳一打开,里面的阿芙洛狄忒就现身于观众面前,她伸伸懒腰,打着哈欠,好像刚从睡梦中醒来;然后她站起来,把贝壳当作风帆板驶向海岸,这一行为将经典的"从海洋诞生"母题变成了一个有趣场景。在《西娜》中,阿芙洛狄忒最终与蕾尼·奥康纳(Renée O'Connor)饰演的西娜的亲密伙伴加布里埃勒(Gabrielle)发展成了亲密的姐妹关系。因此,在西娜和奥林波斯众神最后的致命冲突中,阿芙洛狄忒保持了中立("Motherhood"第五季,第22集)。该剧的叙事,暗示在高潮部分"诸神的黄昏"(Twilight of The Gods)之后,阿芙洛狄忒和阿瑞斯便是现代仅存的两位希腊神了。

在短命的爱情喜剧《瓦伦丁》(*Valentine*,2008—2009)中,爱神阿芙洛狄忒作为主角出现。这部剧的前情提要是,一个古希腊神族来到地球,生活在现代的洛杉矶,利用当代人的身份,致力于将相爱的灵魂伴侣结合在一起。家族企业的掌门人是吉米·莫瑞(Jaime Murray)饰演的女族长格雷斯·瓦伦丁(Grace Valentine),她实际上是女神阿芙洛狄忒,不过与传统外形不同的是,阿芙洛狄忒被描绘成一个带着高贵口音和戏谑笑容、时髦优雅的黑发女子。她嫁给了有权有势、自以为是的军火承包商阿里(Ari),也就是由格雷格·埃利斯(Greg Ellis)饰演的男神阿瑞斯,但她与她的前夫,友善的杂工雷·霍华德(Ray Howard),也就是由帕特里克·富宾恩(Patrick Fabian)饰演的男神赫菲斯托斯,有一段还在发展的恋情。格蕾斯试图控制她不守规矩的儿子丹尼·瓦伦丁（Danny Valentine），也就是由克里斯托弗·波拉纳（Kristoffer Polaha）饰演的爱若斯神——他在外面开派对、勾引女人，挥舞着一把危险的爱欲之枪，向他不知情的目标发射欲望。遗憾的是，该原创连续剧在2008年秋天只播出了四集，而剩下未播出的四集则在2009年夏天被"销毁"。尽管这部作品的质量参差不齐，但瓦伦丁系列在其短暂的生命中展现了一种独特潜能，即展现出一个更进步、更现代的阿芙洛狄忒，她将她对爱和性领域的神圣影响，运用到一个既盈利又慈善的激进事业中。

小结

通过探究阿芙洛狄忒自希腊古代以来的演变，我们看到作为美丽、装饰、爱与性为象征的女神权威仍未减弱。当罗马出现在古代舞台之后，我们注意到希腊的阿芙洛狄忒和罗马的维纳斯重叠的形象如何相互影响——阿芙洛狄忒的性格在古代希腊晚期变得更具母性、尚武性和管制性。然而，尽管罗马的维纳斯在随后几个世纪主宰了西方艺术和文学经典流派，但阿芙洛狄忒的名字和形象却在当今的大众意识中经历了重生，让她作为一个品牌的商业价值如今得到真正赏识。在当代美容营销、时尚广告和图书出版中,"阿芙洛狄忒"的名字和形象被成功应用于吸引顾客——利用女神常见的象征联系来增强身体美,以达到爱欲诱惑目的。同样,阿芙洛狄忒在现代电影和电视节目中的出现,突出了她的水生起源,强调了她作为克尼迪亚这一著名的艺术化身在爱与美的领域中的强烈而持久的影响力。如今,阿芙洛狄忒比以往任何时候都更加是女性神祇长久而有力的象征。

拓展阅读

下列书目包括前文各章中引用的著作,以及拓展阅读的有趣书目。

主要原始文献

Homer, *Iliad*, trans. Stanley Lombardo (1997), *Homer: Iliad*. Indianapolis: Hackett.

Homer, *Odyssey*, trans. Stanley Lombardo (2000), *Homer: Odyssey*. Indianapolis:Hackett.

Hesiod, *Theogony* and *Works and Days*, trans. Stanley Lombardo (1993), *Hesiod:Works and Days*, Theogony. Indianapolis: Hackett.

The Homeric Hymns, trans. Sarah Ruden (2005), *Homeric Hymns*. Indianapolis:Hackett.

Hesiod, *Homeric Hymns*, *Epic Cycle*, *Homerica*, trans. Hugh G. Evelyn-White(1936), Loeb Classical Library: new and revised edition. Cambridge and London: Harvard University Press.

The Greek Lyric Poets, trans. Andrew M. Miller (1996), *Greek Lyric*: *An Anthology in Translation*. Indianapolis: Hackett.

Herodotus, *The Histories*, trans. Henry Cary (1992), *The History*: *Herodotus*. Buffalo: Prometheus Books.

Euripides, *Hippolytus*, trans. Diane Arnson Svarlien (2007), *Euripides*: *Alcestis*, *Medea*, *Hippolytus*. Indianapolis: Hackett.

The Greek Anthology, trans. Kenneth Rexroth (1999), *Poems from the Greek Anthology*, 2nd edition. Ann Arbor: University of Michigan Press.

Apollonius Rhodius, *Argonautica*, trans. Richard Hunter (1993), *Apollonius of Rhodes*: *Jason and the Golden Fleece*. Oxford: Oxford University Press.

Bion, *Lament for Adonis*, trans. J.D. Reed (1997), *Bion of Smyrna*: *The Fragments and the Adonis*. Cambridge: Cambridge University Press.

Vergil, *Aeneid*, trans. Stanley Lombardo (2005), *Vergil*: *Aeneid*. Indianapolis: Hackett.

艺术、文学和文化作品中的阿芙洛狄忒

Allende, Isabel (1998). *Aphrodite: A Memoir of the Senses*. New York: HarperCollins.

Barrett, W. S., ed. (1964). *Euripides: Hippolytos*. Oxford: Oxford University Press.

Bergren, Ann (1989). "*The Homeric Hymn to Aphrodite*: Tradition and Rhetoric, Praise and Blame." *Classical Antiquity* 8: 1–41.

Bittrich, Ursula (2005). *Aphrodite und eros in der antiken Tragodie: Mit Ausblicken auf motivgeschichtlich verwandte Dichtungen*. Berlin and New York: Walter de Gruyter.

Boedeker, Deborah Dickmann (1974). *Aphrodite's Entry into Greek Epic*. Leiden: E.J. Brill.

Böhm, Stephanie (1990). *Die"Nackte Gottin": zur Ikonographie und Deutung unbekleideter weiblicher Figuren in der fruhgriechischen Kunst*. Mainz: Verlag Philipp von Zabern.

Bolger, Diane and Serwint, Nancy, eds. (2002). *Engendering Aphrodite: Women and Society in Ancient Cyprus*. Boston: ASOR

(American Schools of Oriental Research).

Breitenberger, Barbara (2007). *Aphrodite and eros: The Development of Erotic Mythology in Early Greek Poetry and Culture*. New York and London:Routledge.

Budin, Stephanie Lynn (2003). *The Origin of Aphrodite*. Bethesda: CDL Press.

Budin, Stephanie Lynn (2009). "Aphrodite Enoplion." In *Brill's Companion to Aphrodite*, eds. Amy C. Smith and Sadie Pickup. Leiden: E.J. Brill.

Caldwell, Richard S., ed. (1987). *Hesiod's Theogony*. Newburyport, MA: Focus Publishing.

Clay, Jenny Strauss (1989). *The Politics of Olympus: Form and Meaning in the Major Homeric Hymns*. Princeton: Princeton University Press.

Cyrino, Monica (1993). "Shame, Danger and Desire: Aphrodite's Power in the *Fifth Homeric Hymn*." *Rocky Mountain Review of Language and Literature* 47.4: 219–230.

Detienne, Marcel (1972). *Les Jardins d'Adonis*. Paris: Gallimard. Trans. by Janet Lloyd (1994). *The Gardens of Adonis: Spices in Greek Mythology*. 2nd edition. Princeton: Princeton

University Press.

Elley, Derek (1984). *The Epic Film: Myth and History*. London: Routledge and Kegan Paul.

Faulkner, Andrew (2008). *The Homeric Hymn to Aphrodite: Introduction, Text, and Commentary*. Oxford: Oxford University Press.

Flemberg, Johan (1991). *Venus Armata: Studien zur bewaffneten Aphrodite in der griechisch-romischen Kunst*. Stockholm: Paul Aströms Fölag.

Friedrich, Paul (1978). *The Meaning of Aphrodite*. Chicago: University of Chicago Press.

Goff, Barbara E. (1990). *The Noose of Words: Readings of Desire, Violence and Language in Euripides' Hippolytos*. Cambridge: Cambridge University Press.

Greene, Ellen, ed. (1996). *Reading Sappho: Contemporary Approaches*. Berkeley and Los Angeles: University of California Press.

Grigson, Geoffrey (1976). *The Goddess of Love: The Birth, Triumph, Death and Return of Aphrodite*. London: Constable.

Gutzwiller, Kathryn J. (1998). *Poetic Garlands: Hellenistic*

Epigrams in Context. Berkeley and Los Angeles: University of California Press.

Havelock, Christine Mitchell (1995). *The Aphrodite of Knidos and her Successors: A Historical Review of the Female Nude in Greek Art*. Ann Arbor: University of Michigan Press.

Heimpel, Wolfgang (1982). "A Catalog of Near Eastern Venus Deities." *Syro-Mesopotamian Studies* 4.3: 9–22.

Hunter, R.L., ed. (1989). *Apollonius of Rhodes: Argonautica Book III*. Cambridge: Cambridge University Press.

Johnson, Buffie (1994). *Lady of the Beasts: The Goddess and her Sacred Animals*. Rochester, Vermont: Inner Traditions International.

Karageorghis, Jacqueline (2005). *Kypris: The Aphrodite of Cyprus: Ancient Sources and Archaeological Evidence*. Nicosia: A.G. Leventis Foundation.

Larson, Jennifer (2001). *Greek Nymphs: Myth, Cult, Lore*. Oxford and New York: Oxford University Press.

Larson, Jennifer (2007). *Ancient Greek Cults: A Guide*. London and New York: Routledge.

MacLachlan, Bonnie (1993). *The Age of Grace: Charis in*

Early Greek Poetry. Princeton: Princeton University Press.

Mills, Sophie (2002). *Euripides*: *Hippolytus*. London: Duckworth.

Moorey, P. R. S. (2004). *Idols of the People*: *Miniature Images of Clay in the Ancient Near East*. Oxford: Oxford University Press.

Nagy, Gregory (1990). *Greek Mythology and Poetics*. Ithaca: Cornell University Press.

Nagy, Gregory (1996). *Homeric Questions*. Austin: University of Texas Press.

Pirenne-Delforge, Vinciane (1994). *L'Aphrodite grecque*: *Contribution à l' étude de ses cultes et de sa personnalité dans le panthéon archaïque et classique*. *Kernos Supplément* 4. Athens and Liège: Centre International d'Étude de la Religion Grecque Antique.

Pirenne-Delforge, Vinciane (2007). "Something to do with Aphrodite': *Ta Aphrodisia* and the Sacred." In *A Companion to Greek Religion*, ed. Daniel Ogden. Malden and Oxford: Blackwell Publishing. 311–323.

Pironti, Gabriella (2007). *Entreciel et guerre*: *Figures d'Aphrodite en Grèce ancienne*. *Kernos Supplément* 18. Athens and Liège: Centre International d'Etude de la Religion Grecque

Antique.

Podbielski, Henryk (1971). *La Structure de l' Hymne Homérique à Aphrodite à la lumière de la tradition littéraire*. Wroclaw: Polska Akademia Nauk.

Rayor, Diane J. (2004). *The Homeric Hymns*. Berkeley and Los Angeles: University of California Press.

Rosenzweig, Rachel (2004). *Worshipping Aphrodite: Art and Cult in Classical Athens*. Ann Arbor: University of Michigan Press.

Rudhardt, Jean (1986). *Le role d'Eros et d'Aphrodite dans les cosmogonies grecques*. Paris: Presses Universitaires de France.

Schilling, Robert (1982). *La religion romaine de Vénus, depuis les origins jusqu'au temps d' Auguste*. 2nd edition. Paris: E. de Boccard.

Smith, Amy C. and Pickup, Sadie, eds. (2009). *Brill's Companion to Aphrodite*. Leiden: E.J. Brill.

Smith, Peter (1981). *Nursling of Mortality: A Study of the Homeric Hymn to Aphrodite. Studien zur klassischen Philologie* 3. Frankfurt: Peter Lang.

Solomon, Jon (2001). *The Ancient World in the Cinema*. Revised and expanded edition. New Haven and London: Yale

University Press.

Ulbrich, Anja (2008). *Kypris*: *Heiligtumer und Kulte weiblicher Gottheiten auf Zypern in der kyproarchaischen und kyproklassiischen Epoche* (*Konigszeit*). Münster: Ugarit-Verlag.

van Eck, Johannes (1978). *The Homeric Hymn to Aphrodite*: *Introduction*, *Commentary and Appendices*. Ph.D. dissertation, Utrecht University.

Wallensten, Jennifer (2009). "Aphrodite between Greece and Rome: Greek Responses to the Idea of Aphrodite as Ancestress of the Romans." In *Brill's Companion to Aphrodite*, eds. Amy C. Smith and Sadie Pickup. Leiden: E.J. Brill.

West, M.L. (1997). *The East Face of Helicon*. Oxford: Oxford University Press.

West, M.L. (2000). "The Name of Aphrodite." *Glotta* 76: 133–138.

古代世界的爱与性

Budin, Stephanie Lynn (2008). *The Myth of Sacred Prostitution in Antiquity*. Cambridge: Cambridge University Press.

Calame, Claude (1999). *The Poetics of Eros in Ancient Greece*. Trans. Janet Lloyd. Princeton: Princeton University Press.

Carson, Anne (1986). *Eros the Bittersweet*. Princeton: Princeton University Press.

Cyrino, Monica S. (1995). *In Pandora's Jar: Lovesickness in Early Greek Poetry*. Lanham: University Press of America.

Davidson, James (1997). *Courtesans and Fishcakes: The Consuming Passions of Classical Athens*. New York: Harper Collins.

Faraone, Christopher A. (1999). *Ancient Greek Love Magic*. Cambridge: Harvard University Press.

Faraone, Christopher A. and McClure, Laura K., eds. (2006). *Prostitutes and Courtesans in the Ancient World*. Madison: University of Wisconsin Press.

Garrison, Daniel H. (2000). *Sexual Culture in Ancient Greece*. Norman: University of Oklahoma Press.

Golden, Mark and Toohey, Peter, eds. (2003). *Sex and Difference in Ancient Greece and Rome*. Edinburgh: Edinburgh University Press.

Halperin, David M., Winkler, John J., and Zeitlin, Froma

I., eds. (1990). *Before Sexuality*: *The Construction of Erotic Experience in the Ancient Greek World*. Princeton: Princeton University Press.

Henry, Madeleine M. (1995). *Prisoner of History*: *Aspasia of Miletus and Her Biographical Tradition*. Oxford: Oxford University Press.

Johnson, Marguerite and Ryan, Terry (2005). *Sexuality in Greek and Roman Society and Literature*: *A Sourcebook*. London and New York: Routledge.

Kampen, Natalie Boymel, ed. (1996). *Sexuality in Ancient Art*. Cambridge: Cambridge University Press.

McClure, Laura K., ed. (2002). *Sexuality and Gender in the Classical World*: *Readings and Sources*. Malden and Oxford: Blackwell Publishing.

McClure, Laura K. (2003). *Courtesans at Table*: *Gender and Greek Literary Culture in Athenaeus*. New York and London: Routledge.

Nussbaum, Martha C. and Sihvola, Juha, eds. (2002). *The Sleep of Reason: Erotic Experience and Sexual Ethics in Ancient Greece and Rome*. Chicago: University of Chicago Press.

Richlin, Amy, ed. (1992). *Pornography and Representation in Greece and Rome*. Oxford: Oxford University Press.

Sissa, Giulia (2008). *Sex and Sensuality in the Ancient World*. Trans. George Staunton. New Haven and London: Yale University Press.

Skinner, Marilyn B. (2005). *Sexuality in Greek and Roman Culture*. Malden and Oxford: Blackwell Publishing.

Stewart, Andrew (1997). *Art, Desire, and the Body in Ancient Greece*. Cambridge: Cambridge University Press.

Thornton, Bruce S. (1997). *Eros: The Myth of Ancient Greek Sexuality*. Boulder: Westview Press.

Winkler, John J. (1990). *The Constraints of Desire: The Anthropology of Sex and Gender in Ancient Greece*. New York and London: Routledge.

Wohl, Victoria (2002). *Love Among the Ruins: The Erotics of Democracy in Classical Athens*. Princeton: Princeton University Press.

Zeitlin, Froma I. (1996). *Playing the Other: Gender and Society in Classical Greek Literature*. Chicago: University of Chicago Press.

索　引

（数字指原著页码）

Achilles　阿喀琉斯 34, 50, 56, 61, 68, 69　151

Acrocorinth（"Upper Corinth"）　阿克罗科林多（"科林多高地"）119

Adonis　阿多尼斯 63, 95—98, 103, 133

adornment　装饰 56—73

Adventures of Baron Munchausen, The　《蒙乔森男爵历险记》138

Aeneas　埃涅阿斯 3, 16, 32, 49, 89—95, 120, 128, 129, 130

Aeschylus　埃斯库罗斯 70

Afrodite, dea dell'amore　《爱神阿芙洛狄忒》　136

Agamemnon　阿伽门农 34, 56, 69

Aglaea（"Splendor"）　阿格莱亚（"光辉"）72

Ajax　埃阿斯 33

Allen, Woody　伍迪·艾伦 140, 151

Allende, Isabel: Aphrodite: *A Memoir of the Senses*　伊莎贝尔·阿连德：《阿芙洛狄忒：感官回忆录》134

Amathus（Cyprus）　阿玛苏斯（塞浦路斯）21

Anchises　安喀塞斯 3, 16, 20, 22, 34, 55, 57, 58, 59, 61, 65, 70, 71, 75, 89—95, 103, 116, 118, 133

Andress, Ursula　乌尔苏拉·安德莱斯 138, 139, 140

Andromache　安德洛玛克 69

Anesidora　阿奈西朵拉 80

animals　动物 118—119

anodos　崛起 5, 104—114, 115, 139—140

Antipater of Thessalonica　帖撒罗尼迦的安提帕特 135

Anyte of Tegea　忒格亚的阿尼特 109

Aphrodite epithets:　阿芙洛狄忒的绰号：*Akraia*（"She of the Peak" or "High Point"）　阿克莱亚（"她关涉山顶"或"最高点"）118; *Anadyomenē*（"Rising from the Sea"）　阿纳德墨涅（"从海中崛起的"）3, 5, 67, 106, 114; *aphrogenēs*（"foamborn", "泡沫中诞生的"）3, 26; Areia　阿蕾亚 51—52; *chruseē*（"golden", "金色的"）56, 67, 69, 70; *chrusostephanos*（"gold-crowned", "戴金冠的"）70; *Cypris*　库浦里斯 3, 27—28, 102; *Cyprogenea*　库浦洛格涅亚 27; *Cyprogenēs*　库浦洛格涅斯 14, 27; *Cythereia*

库特瑞娅 3, 14, 27—28, 64; *dia*("bright","闪耀的")26, 116; *Dios thugatēr*("daughter of Zeus")"宙斯的女儿"3, 14, 15, 16, 17; *Erycinē* 厄律克涅 120; *Euploia*("She of the Smooth Sailing")欧普劳娅("她关涉顺利航行")3, 12, 76, 108, 112; *eustephanos*("well garlanded","美丽的花环")64; *Galēnaiē*("She of the Calm Sea")伽琳娜娅("她关涉海洋的安定")108; *iostephanos*("violet garlanded","紫罗兰花环")64; *Kallipygos*("Beautiful Buttocks","漂亮的臀部")77; *Limenia*(Epilimenia)("She of/at the Harbor")丽美尼娅(埃皮丽美尼娅)("她关涉/处在海港")3, 12, 108; *Ourania*("Heavenly")乌拉尼亚("天空的")3, 20, 28—29, 70, 114, 115; *Pandēmos* 潘德摩斯 12, 30, 35—38, 52, 122; *Paphia* 帕佩娅 3, 27; *Pelagia*("She of the Open Sea")佩拉吉娅("她关涉公海")3, 108; *Philommeidēs* 斐洛美德斯 14, 30, 39—40, 52, 54; *Philostephanos*("loving garlands","爱的花环")64; *polychrusos*("very golden","金光璀璨的")70, 71; *Pontia*("She of the Deep Sea")庞提娅("她关涉深海")3, 12, 108; *Thalassaiē*("She of the Sea")塔拉萨娅("她关涉海洋")108

Aphrodite Image Consultancy 132—133 阿芙洛狄忒形象咨

询公司

Aphrodite of Arles　阿尔勒的阿芙洛狄忒 4, 65

Aphrodite of Knidos　克尼多斯的阿芙洛狄忒 53, 74, 76—77, 108, 136

Aphrodite of Rhodes　罗德岛的阿芙洛狄忒 67, 68

Aphrodite, Goddess of Love　《爱神阿芙洛狄忒》136

"Aphrodite's Fashion Show"　"阿芙洛狄忒时装秀" 133—134

aphros（"sea foam"，"海洋泡沫"）14, 26

Apollo　阿波罗 16, 94, 95, 114, 123

Apollodorus: *The Library*　阿波罗多洛斯：《书库》14

Apollonius of Rhodes　罗德岛的阿波罗尼乌斯 99;

Argonautica　《阿耳戈英雄纪》6, 48—49, 66—67

Ares　阿瑞斯 16, 17, 22, 49, 50, 51, 61, 71, 96, 116

Ariadne　阿里阿德涅 110, 112

Aristophanes　阿里斯托芬 121

Artemis　阿耳忒弥斯 19, 31, 53, 75, 95, 97, 99, 100, 101, 102, 121

Ascalon, Syria　阿斯卡隆，叙利亚 20, 22

Astarte（Phoenician goddess）　阿施塔忒（腓尼基女神）

20, 26, 28, 119, 121

Athena 雅典娜 19, 31, 40, 49, 53, 55, 75, 80, 83, 84, 95

Athenaeus 阿特奈乌斯 43, 76, 111

Athens 雅典 5, 112

beauty 美丽 53—56

beauty products 美容产品 132

Berry, Halle 哈莉·贝瑞 138

Bion 彼翁 96

birds 鸟类 120—123

birth 诞生 3, 7, 11—18

Bloom, Claire 克莱儿·布卢姆 138

Bonheim, Jalaja: *Aphrodite's Daughters: Women's Sexual Stories and the Journey of the Soul* 贾拉贾·邦海姆：《阿芙洛狄忒的女儿：女人的爱欲故事和灵魂之旅》134

Bonnard, Mario 马里奥·博纳德 136

book publishing 图书出版 134

Botticelli, Sandro: *The Birth of Venus* 桑德罗·波提切利：《维纳斯的诞生》12, 114, 139

Boutes 布特斯 120

Bowker, Judi　朱迪·鲍克 138

Briseis　布里塞伊斯 34, 56

Brosnan, Pierce　皮尔斯·布鲁斯南 141

Calliope　卡利俄佩 96

Calypso　卡吕普索 65

Cassandra　卡珊德拉 56

Cerchio, Fernando　费尔南多·切尔基奥 136

Chaos　卡俄斯 121

Charaxos　查拉克斯 111, 113

chariot　战车 116

charis　魅力 71, 72

Charis　卡里斯 72

Charites（Graces）　卡里忒斯（美惠三女神）3, 22, 37, 55, 60, 63, 65, 71—72, 73, 82, 113

Cinyras of Cyprus　塞浦路斯的辛尼拉斯 95

Clash of the Titans　《诸神之战》138

Corey, Isabelle　伊莎贝拉·科瑞 136, 137

Corinth　科林多 41—72, 51, 119

Crete　克里特 51, 65, 110, 112, 132

Cronos 克罗诺斯 13

Cybele 库柏勒 119

Cypria 《塞浦路亚》6, 62, 63, 64, 83, 84, 85

Cyprus 塞浦路斯 14, 19, 20, 21—23, 55, 57, 66, 105, 110;

  Amathus 阿玛苏斯 21;

  Golgoi 戈尔古 21;

  Paphos 帕福斯 21, 22, 23, 27, 57, 58, 60, 65, 70, 75, 90, 110, 111, 118, 120

Cythera 库特拉 14, 20, 21, 51, 105, 109

Daphni 达佛尼 122

Davis, Desmond 德斯蒙德·戴维斯 138

Death Becomes Her 《飞越长生》137

Delphi oracle 德尔斐神谕 114

Demeter 德墨忒耳 54, 64

Demodocus 得摩多科斯 17, 22, 28, 60, 61, 64, 75, 133

Descent of Ishtar to the Netherworld 《伊诗塔下凡至冥间》61

Dido 狄多 129

Die Another Day 《择日而亡》138

Dikē ("Justice") 狄刻 ("公正") 73

Diodorus of Sicily　西西里的狄奥多鲁斯 120

Diomedes　狄奥墨德斯 16, 32, 33, 49—50, 94, 116

Dione　狄奥涅 3, 11, 14—18, 26, 32

Dolon　多伦人 70

dolphins 海豚 113—114

doves 白鸽 121—122

Dr. No（film）　《诺博士》（电影）138

Dumuzi（Tammuz）（Sumerian hero/god）　杜穆兹（塔穆兹）（苏美尔的英雄/神）97

Dyáus Pitar, Indic sky father　道斯·彼塔，印度天父 25

*Dyēus　帝乌斯 24

Eirēnē（"Peace"）　埃瑞涅（"和平"）73

Ellis, Greg　格雷格·埃利斯 142

entourage　随从 71—73

Eos　厄俄斯 24, 89, 115

Eosphoros（"morning star"）　厄俄斯珀洛斯（"晨星"）116

Eros　爱若斯 14, 30, 44, 45—49, 52, 66, 72, 98, 114, 119, 121

erotica, literary　爱欲，文学 134—135

Eryx　厄律克斯 120

Eskenazi, Dr Loren 罗兰·埃斯卡纳齐博士 135

etymology 词源 25—29

Eunomia（"Good Order"） 欧诺弥亚（"良序"）73

Euphrosyne（"Good Cheer"） 欧佛洛绪涅（"欢乐"）72

Euripides: 欧里庇得斯：*Alcestis* 《阿尔克提斯》7; *Helen* 《海伦》15, 85; *Hippolytus* 《希波吕托斯》6, 46—47, 99, 105—106

Eurynome 欧律诺墨 72

Fabian, Patrick 帕特里克·富宾恩 142

fashion advertising 时尚广告 133

film 电影 135—142

flowers 花 119

Ganymede 伽努墨德斯 89

garlands 花环 61—67

Garrani, Ivo 艾弗·加拉尼 136

Gibson, Becky Gould: *Aphrodite's Daughter* 贝基古尔德·吉布森：《阿芙洛狄忒的女儿》135

gigantomachy 巨人之战 116

Gilgamesh 吉尔伽美什 20

Gilliam, Terry 特里·吉列姆 138

Girotti, Massimo 马西莫·吉洛提 136

goldenness 具有黄金特质的 67—71

Golgoi (Cyprus) 戈尔古（塞浦路斯）21

goose （家）鹅 123, 124

Graces see Charites 美惠三女神　见卡里忒斯

Hades 哈得斯 63

Hamlin, Harry 哈利·哈姆林 138

Harmonia ("Harmony") 哈耳摩尼亚（"和谐"）73

Harrison, Stuart: *Aphrodite's Smile: A Mesmerizing Novel of Passion and Suspense* 斯图尔特·哈里森：《阿芙洛狄忒的微笑：一部充满激情和悬念的催情小说》135

Harryhausen, Ray 雷·哈里豪森 138

Hawn, Goldie 戈尔迪·霍恩 137

Hēbē ("Youth") 赫柏（"青春女神"）73

Hector 赫克托尔 33, 84

Helen of Troy 特洛亚的海伦 3, 15, 33, 35—36, 38, 54, 56, 65, 75, 83—88, 89, 103, 123

Helios 赫利奥斯 119

Hephaestus 赫菲斯托斯 17, 28, 50, 60, 68, 72, 75, 80

Hera 赫拉 19, 36, 37, 48, 53, 55, 83, 84, 90, 118, 121

Hercules: The Legendary Journeys 《大力神：传奇之旅》141, 142

Hermes 赫耳墨斯 19, 80, 84, 91

Hermione（daughter of Helen） 赫耳弥奥涅（海伦的女儿）56, 69

Herodotus 希罗多德 111; *The Histories* 《历史》6, 20, 27, 28, 32

Herostratos 赫洛斯特拉托斯 111

Hesiod 赫西俄德 18, 20, 25, 26, 28, 29, 37, 71, 72, 80, 98, 105, 113;

Theogony 《神谱》6, 12—13, 14, 21—22, 24, 27, 30, 34, 39–40, 44, 55, 69, 80, 93, 105;

Works and Days 《劳作与时日》80—81

Hesperos（"evening star"） 赫斯佩洛斯（"昏星"）116

Hestia 赫斯提亚 31

hetaira（"courtesan"） "交际花" 41, 43

Hieron（tyrant of Syracuse） 希伦（叙拉古僭主）68

Himeros 希墨洛斯 14, 30, 44—49, 52, 72

Hippolytus 希波吕托斯 3, 96, 99—102, 103

Homer 荷马 18, 21, 25, 33, 85, 110, 118; *Iliad* 《伊利亚特》6, 14, 15, 16, 32, 33, 34, 35—36, 49—50, 52, 54, 55, 56, 63, 68, 72, 83, 85, 86, 93, 94, 116; *Odyssey* 《奥德修纪》6, 14, 17, 22, 28, 34, 48, 55, 56, 60, 61, 69, 72, 81—82, 128

Homeric Hymns 《荷马颂诗》6, 133; *Homeric Hymn to Aphrodite* 《荷马颂诗：致阿芙洛狄忒》20, 22, 24, 31, 47, 57, 89; *Homeric Hymn to Apollo* 《荷马颂诗：致阿波罗》73; *Homeric Hymn to Demeter* 《荷马颂诗：致德墨忒耳》63-4

Horae（Hours） 荷莱（时序三女神）3, 58—59, 63, 70, 72, 73, 75, 82, 113

Hours *see Horae* 时序三女神 见荷莱

Hypsipyle, queen of Lemnos 许普西皮勒，利姆诺斯女王 99

Ibycus 伊比库斯 6, 45—46

Inanna（Sumerian love goddess） 伊南娜（苏美尔的爱神）20, 61

Indo-European Aphrodite 印欧的阿芙洛狄忒 23—25

Iris 伊里斯 16

Ishtar　伊诗塔 20, 50, 121

Iulus　尤路斯 129

Jaffe-Longoria, Jeanette: *Aphrodite and Me*　珍妮特·贾菲-朗格利亚：《阿芙洛狄忒和我》134—135

Jason　伊阿宋 66, 99

Judgment of Paris　帕里斯的裁决 37, 38, 64, 83, 118

Julius Caesar　尤利乌斯·恺撒 51, 128—129

Keats, John　约翰·济慈 131; *Endymion*　《恩迪弥翁》131

Kenner, Julie　朱迪·肯纳 135

Knidia　克尼迪亚 76—78, 143

Konon, Athenian general　科农，雅典将军 112

kosmēsis（"adornment"，"装饰"）3, 5, 56—62, 65—67, 69—71, 73, 90, 92

kosmos　化妆 57

Kothar, Ugaritic god of craftsmen　科塔尔，乌加里特语中的铁匠之神 28

Kubrick, Stanley　斯坦利·库布里克 137

ladder, artistic iconography of 艺术形象中的梯子 97

Laughton, Charles 查尔斯·劳顿 137

Lawless, Lucy 露西·劳里斯 141

Leda 勒达 123

Lee, Belinda 比琳达·李 136

Lemnos 利姆诺斯 99

Leonidas of Tarentum 塔伦图姆的勒翁尼达斯 66

Leontion 莱昂提翁 117

Lesbos 莱斯博斯岛 37, 97, 110

Livius Andronicus 利维乌斯·安德罗尼柯 128

Lloyd, Phyllida 菲利达·劳埃德 141

Locri Epizefiri 洛克里埃皮泽菲里 106

Lorant, Terry: *Reconstructing Aphrodite* 泰利·洛兰特:《重塑阿芙洛狄忒》135

love 爱 3, 5, 39—49

Ludovisi throne 路德维希宝座 106, 107

luminosity 光芒 70

Mamma Mia! 《妈妈咪呀!》141

Menelaus, King of Sparta 墨涅拉奥斯,斯巴达王 15, 33,

35, 83, 85, 87, 93

Mighty Aphrodite 《非强力春药》140—141

mignumi（"mingle"）（"交合"）33—34

Millar, Elisabeth: *Releasing Aphrodite: Aromatic Aphrodisiacs for Love and Romance* 伊丽莎白·米勒：《释放阿芙洛狄忒：爱与浪漫的芳香春药》135

Mimnermus 明奈穆斯 6, 69

mirrors 镜子 61—67

mixis（"mingling"）混合（"交合"）5, 7, 30, 32—35, 46, 51, 52, 65, 89, 98, 102, 103, 104, 109, 117, 127

"Mother Goose" "鹅妈妈" 123

mountains 山脉 117—120

Mt. Eryx 厄律克斯山 117, 119, 120, 128

Mt. Ida in Troy 特洛亚的伊达山 117, 118, 119

Murray, Jaime 吉米·莫瑞 142

Mycenae 迈锡尼人 70

Myrrha 密耳拉 95

names 名字 25—29

narrative "flashback" strategy 叙事的"倒叙"策略 85, 86

Naukratis 瑙克拉提斯 5, 111

Near Eastern Aphrodite 近东的阿芙洛狄忒 19—21

Nereids 涅瑞伊得斯 113

Nestor 涅斯托尔 135

"Nestor Cup" from Pithekoussai 彼斯库塞的"奈斯托尔酒樽" 25

Neville, John 约翰·内维尔 138

Nossis 诺西斯 41

"Nude Goddess" archetype "裸体女神"原型 75—76

nudity 裸体 73—78

Oceanos 奥刻阿诺斯 14, 37

O'Connor, Renée 奥康纳·蕾妮 142

Odysseus 奥德修斯 34, 55, 65

Olivier, Laurence 劳伦斯·奥利维尔 138

Oltos painter 奥尔托斯画家 121

origins 起源 18—25

Ouranos 乌拉诺斯 3, 11, 24, 28, 40, 48, 114;
  castration of 阉割 12—14, 29, 31, 105

Pan 潘 66

Pandora 潘多拉 37, 69, 71, 80—83, 103

Paphos（Cyprus） 帕福斯（塞浦路斯）21, 22, 23, 27, 57, 58, 60, 65, 70, 75, 90, 110, 111, 118, 120

Paris（Alexandros）, Prince of Troy 帕里斯（阿勒珊德罗斯），特洛亚王子 3, 15, 33, 35, 36, 38, 54, 83—88, 89, 93, 94, 103, 133; Judgement of 裁决 37, 38, 64, 83, 118

Pausanias 鲍萨尼阿斯 6, 38, 51, 63, 96, 119; *Description of Greece* 《希腊纪行》28

Peithō（"persuasion"）佩托（"说服"）30, 35—38, 52, 72, 82

Penelope 佩涅洛佩 55, 56

"*peplum films*" "佩普姆电影"136, 137, 140

Persephone 佩耳塞福涅 63, 64, 96, 97

Phaedra 菲德拉 101, 102, 105

Phaleron 法勒隆 112

Philetas of Cos 科斯的斐勒塔 66

Phryne 弗琳 76

Pindar 品达 42—43, 68, 70; *Olympian* 《奥林匹亚赛会》13

（ode）（颂诗）43

Piraeus 比雷埃夫斯 112

Pistoxenos painter　皮斯托塞诺斯画家 123

Plato: *Cratylus*　柏拉图：《克拉底鲁篇》26

Polaha, Kristoffer　克里斯托弗·波拉纳 142

Polyarchis　波吕阿科斯 43

porne（"prostitute"）　"娼妓" 40—41

Poseidon　波塞冬 102, 108, 114, 119

Praxiteles　普拉克西特利斯 4, 76, 78, 108, 139; Aphrodite of Arles　阿尔勒的阿芙洛狄忒 4, 65; Aphrodite of Knidos　克尼多斯的阿芙洛狄忒 53, 74, 76—77, 136; Aphrodite of Rhodes　罗德岛的阿芙洛狄忒 67, 68

Priam　普里阿摩斯 89

Prometheus　普罗米修斯 80

prostitution　卖淫 30, 40—43, 52

punishment　惩罚 98—102

Python　皮东 65

Quintus Fabius Maximus Gurges　昆图斯·法比乌斯·马克西姆斯·格尼革斯 128

Reed, Lou: *Venus in Furs*　卢·里德：《穿裘皮的维纳斯》131

Reed, Oliver　奥利弗·里德 138

Rhode　罗德岛 110

Rhodopis　罗多佩丝 111, 113

Rig Veda　《梨俱吠陀》24, 25

rose（*rhodon*）　玫瑰 119

Sacher-Masoch, Leopold von: *Venus in Furs*　利奥波德·萨克尔-莫索克：《穿裘皮的维纳斯》131

sailing　航行 108—114

Sappho　萨福 6, 37, 39, 48, 54, 65, 71, 97, 110, 111, 113; *kletic* hymn　感召颂诗 122, 123

sea　海洋 108—114

sex　性 3, 39—49

Seyfried, Amanda　阿曼达·塞弗里德 141

Shakespeare, William: *Venus and Adonis*　威廉姆·莎士比亚：《维纳斯与阿多尼斯》131

Shelley, Percy Bysshe　佩西·比希·雪莱 131

Simonides of Ceos　科俄斯岛的西蒙尼德斯 48

Sirens　塞壬 120

sky　天空 114—123

Slave Women of Corinth 《科林多的女奴》136

smiles 微笑 39

Smith, Maggie 玛吉·史密斯 138

Smyrna 西麦娜 95, 98, 101

Song of Kumarbi of the Hurrians 胡里安人的《库玛比之歌》29

Sorbo, Kevin 凯文·索博 141

Sorvino, Mira 米拉·索维诺 141

Spartacus（film） 《斯巴达克斯》（电影）137

stephanos（"garland"） "花环" 64

Strabo 斯特拉博 41

Streep, Meryl 梅丽尔·斯特里普 137, 141

swans 天鹅 123, 124

Syracuse 叙拉古 5

Teffè, Antonio de 安东尼奥·德·特夫埃 136, 137

television 电视 135—142

Tethys 泰堤斯 14, 36, 37

Thalia（"Abundance"） 塔利亚（"丰产"）72

Themis 忒弥斯 73

Themistocles 忒米斯托克勒斯 112

Theseus 忒修斯 101, 102, 112

Thias, king of Assyria 提亚斯，亚述王 95

Thurman, Uma 乌玛·瑟曼 138

Tithonus 提托诺斯 89

Tourjansky, Victor 维克多·图扬斯基 136

Tros 特洛斯 89

Tunc, Irène 艾琳·唐克 137

Turan（Etruscan love goddess） 图兰（伊特鲁里亚人的爱神）128

Tydings, Alexandra 亚历山德拉·泰丁斯 141

Ushas（Vedic dawn-goddess） 乌莎斯（吠陀黎明女神）24, 25

Valentine 《瓦伦丁》142

Venere di Cheronea, La 《喀罗尼亚的维纳斯》136

Venus 维纳斯 127—131; Erycina 厄里希娜 120, 128; *Genetrix*（"Mother Venus"，"母亲维纳斯"）128, 129; *Obsequens* 奥普塞昆 128

"Venus mirror" "维纳斯的镜子" 66

Virgil 维吉尔 120; *Aeneid* 《埃涅阿斯纪》129

war 战争 49—52

Xena: Warrior Princess 《西娜：勇士公主》141—142
Xenophon of Corinth 科林多的色诺芬 43

Zemeckis, Robert 罗伯特·泽米基斯 137
Zeus 宙斯 3, 11, 14—18, 19, 24, 25, 26, 32, 33, 36, 37, 40, 50, 52, 55, 69, 71, 72, 73, 80, 81, 82, 84, 88, 89—90, 96, 115, 118, 123

附录：古代世界的诸神与英雄译名表
（希腊语—拉丁语—英语—汉语）

A

Ἄβαι Abae Abae　阿拜

Ἀγαμέμνων Agamemnon Agamemnon　阿伽门农

Ἀγησίλαος Agesilaos Agesilaos　阿盖西劳斯

Ἀγλαΐα Aglaea/Aglaia Aglaea　阿格莱亚

Ἄγλαυρος Aglauros Aglauros　阿格劳洛斯

Ἀγχίσης Anchises Anchises　安喀塞斯

Ἅδης Hades Hades　哈得斯

Ἄδωνις Adonis Adonis　阿多尼斯

Ἀθάμας Athamas Athamas　阿塔马斯

Ἀθηνᾶ Minerva Athena　雅典娜 / 密涅瓦

Αἴας Aiax Aias/Ajax　埃阿斯

Αἴγιστος Aegisthus Aegisthus　埃吉斯托斯

Αἴθρα Aithra Aithra　埃特拉

Αἰνείας Aeneas/Aeneus Aeneas　埃涅阿斯

Ἀλφειός Alpheios Alpheios　阿尔费奥斯

Ἄμμων Ammon Ammon/Amun　阿蒙（古埃及太阳神）

Ἀμφιτρίτη Amphitrite Amphitrite　　安菲特里忒

Anat　　阿娜特（闪米特战争女神）

Anaïtis/Anahita　　阿娜提斯/阿娜希塔（波斯-亚美尼亚女神）

Ἀνδρομάχη Andromache Andromache　　安德洛玛克

Anu　　阿努（赫梯天神）

Ἀπέσας Apesas Apesas　　阿佩萨斯

Ἀπόλλων Apollo Apollo　　阿波罗

Ἀργειφόντης Argeiphontes Argeiphontes　　阿耳癸丰忒斯

Ἄρης Mars Ares　　阿瑞斯

Ἀριάδνη Ariadne Ariadne　　阿里阿德涅

Ἁρμονία Harmonia Harmonia　　哈耳摩尼亚

Ἀρισταῖος Aristaeus Aristaeus　　阿里斯泰奥斯

Ἄρτεμις Artemis,Diana Artemis　　阿耳忒弥斯/狄安娜

Ἀσκληπιός Aesculapius Asclepius　　阿斯克勒庇俄斯

Astarte　　阿施塔忒（腓尼基女神）

Ἀστερία Asteria Asteria　　阿斯忒里亚

Ἄτλας Atlas Atlas　　阿特拉斯

Ἀτρεύς Atreus Atreus　　阿特柔斯

Ἀφροδίτη Venus Aphrodite　　阿芙洛狄忒/维纳斯

Ἀχιλλεύς Achilleus Achilles　　阿喀琉斯

Ἄψυρτος Apsyrtus Apsyrtus　　阿普绪耳托斯

B

Βελλεροφῶν Bellerophon Bellerophon　柏勒洛丰

Βοώτης Boutes Boutes　布特斯

Βριάρεως Briareos Briareos　布里阿瑞奥斯

Βρισηίς Briseis Briseis　布里塞伊斯

Βρισῆος Briseus Briseus　布里修斯

Γ

Γαῖα Gaea Gaia　盖娅

Γανυμήδης Catamitus/Ganymedes Ganymede　伽努墨德斯

Γλαυκός Glaucus Glaukos　格劳科斯

Γῆρας Geras Geras　革剌斯

Γίγαντες Gigantes Gigantes　癸干忒斯

Γύγης Gyges Gyges　巨吉斯

Gula　古拉（美索不达米亚治愈女神）

Δ

Δαίδαλος Daedalus Daedalus　代达罗斯

Δαναός Danaus Danaus　达那奥斯

Δάφνη Daphne Daphne　达芙妮

Δελφύς Delphus Delphus　德尔福斯

Δευκαλίων Deucalion Deucalion　丢卡利翁

Δηίφοβος Deiphobos Deiphobos　得伊福玻斯

Δημήτηρ Demeter Demeter　德墨忒耳

Δημοφόων Demophoon Demophoon　德摩福翁

Δίκη Dike Dike　狄刻

Διοκλῆς Diocles Diokles　狄奥克勒斯

Διομήδης Diomedes Diomedes　狄奥墨德斯

Διόσκουροι Dioscuri Dioscuri　狄奥斯库里

Διώνη Dione Dione　狄奥涅

Δόλων Dolon Dolon　多伦

Dyáus Pitar　道斯·彼塔（印度教天父）

Dumuzi/Tammuz　杜穆兹/塔穆兹（苏美尔的英雄/神）

Δύναμις Dynamis Dynamis　丢纳弥斯

E

Εἰλείθυια Eileithyia Eileithyia　埃勒提雅

Εἰρήνη Eirene Eirene　埃瑞涅

Ἑκάτη Hekate Hekate　赫卡忒

Ἕκτωρ Hector Hector　赫克托耳

Ἕλενος Helenus Helenus　赫勒诺斯

Ἕλλη Helle Helle　赫勒

Enki　恩基（苏美尔欺诈之神）

Ἐνοδία Enodia Enodia　埃诺狄亚

Ἐννώ Enyo Enyo　厄倪俄

Ἐρεχθεύς Erechtheus Erechtheus　厄瑞克透斯

Ἔρις Eris Eris　厄里斯

Ἐριχθόνιος Erichthonios Erichthonios　厄里克托尼奥斯

Ἑρμῆς Hermes Hermes　赫耳墨斯

Ἑρμιόνη Hermione Hermione　赫耳弥奥涅

Ἔρως Eros, Amor Eros　爱若斯 / 阿莫耳

Ἕσπερος Hesperos Hesperos　赫斯佩洛斯（昏星）

Ἑστία Hestia/Vesta Hestia　赫斯提亚 / 维斯塔

Εὐδόρος Eudoros Eudoros　欧多罗斯

Εὔμαιος Eumaeus Eumaeus　欧迈奥斯

Εὔμολπος Eumolpos Eumolpos　欧摩尔波斯

Εὐνομία Eunomia Eunomia　欧诺弥亚

Εὐρυνόμη Eurynome Eurynome　欧律诺墨

Εὐρώπη, Εὐρώπα Europa Europa　欧罗巴

Εὐφροσύνη Euphrosyne Euphrosyne　欧佛洛绪涅

Ἐπιμηθεύς Epimetheus Epimetheus　厄庇米修斯

Ἕως Eos Eos　厄俄斯

Εωσφόρος Eosphoros Eosphoros　厄俄斯珀洛斯（晨星）

Z

Ζεύς Zeus Zeus　宙斯

Ζέφυρος Zephyros Zephyros　泽费罗斯

Ζῆθος Zethus Zethus　泽托斯

H

Ἥβη Hebe Hebe　赫柏

Ἥλιος Helios Helios　赫利奥斯

Ἥρα Hera Hera　赫拉

Ἡρακλῆς Herakles Herakles　赫拉克勒斯

Ἥφαιστος Hephaestus Hephaestus　赫菲斯托斯

Θ

Θάλεια Thalia Thalia　塔利亚

Θάνατος Thanatus Thanatos　塔纳托斯

Θέμις Themis Themis　忒弥斯

Θέτις Thetis Thetis　忒提斯

Θησεύς Theseus Theseus　忒修斯

I

Ἰάλεμος Ialemus Ialemus　伊阿勒摩斯

Ἰάσων Jason Jason　伊阿宋

Ἱέρων Hieron Hieron　希耶罗

Ἵμερος Himeros Himeros　希墨洛斯

Inanna　伊南娜（苏美尔爱神）

Ἰξίων Ixion Ixion　伊克西翁

Ἰοδάμα Iodama Iodama　伊奥达玛

Ἰόλαος Iolaos Iolaos　伊俄拉俄斯

Ἱππόλυτος Hippolytus Hippolytus　希波吕托斯

Ἶρις Iris Iris　伊里斯

Ἶσις Isis Isis　伊西斯

Ishtar　伊诗塔

Ἰφιάνασσα Iphianassa Iphianassa　伊菲阿纳萨

Ἰφιγένεια Iphigeneia Iphigeneia　伊菲革涅亚

Ἰφιμέδη Iphimede Iphimedê　伊菲梅德

Ἰώ Io Io　伊娥

Ἴων Ion Ion　伊翁

K

Κάδμος Kadmos Kadmos 卡德摩斯

Καλλιόπη Calliope Calliope 卡利俄佩

Καλυψώ Calypso Calypso 卡吕普索

Καρνεῖος Carneius Carneius 卡内乌斯

Κασσάνδρα Kassandra Kassandra 卡珊德拉

Κάστωρ Castor Castor 卡斯托耳

Κέρβερος Cerberus Cerberus 刻耳贝洛斯

Κλυταιμνήστρα Klytaimnestra Klytaimnestra 克吕泰涅斯特拉

Κορωνίς Coronis Coronis 科洛尼斯

Κρεσφόντης Kresphontes Kresphontes 克瑞斯丰忒斯

Κρόνος Cronus Cronos 克罗诺斯

Κυβέλη,Κυβήβη Cybele Cybele 库柏勒

Κύκνος Kyknos Kyknos 库克诺斯

Κυρήνη Cyrene Cyrene 昔兰尼

Λ

Λάϊος Laius Laius 拉伊俄斯

Λαομέδων Laomedon Laomedon 拉俄墨冬

Λήδα Leda Leda 勒达

Λητώ Leto/Latona Leto　　勒托 / 拉托娜

Λῖνος Linus Linus　　利诺斯

Λύκτος Lyktos Lyktos　　吕克托斯

M

Μαῖα Maia Maia/Maea　　迈娅

Marduk　　马耳杜克（巴比伦主神）

Μάρπησσα Marpessa Marpessa　　玛耳佩萨

Μαρσύας Marsyas Marsyas　　玛耳绪阿斯

Μαχάων Machaon Machaon　　玛卡翁

Μεγακλῆς Megakles Megakles　　麦伽克勒斯

Μέδουσα Medusa Medusa　　美杜莎

Μελάνιππος Melanippos Melanippos　　美拉尼波斯

Μελίτη Melite Melite　　美利忒

Μελπομένη Melpomene Melpomene　　美尔波墨涅

Μετάνειρα Metaneira Metaneira　　美塔内拉

Μήδεια Medea Medea　　美狄亚

Μηριόνης Meriones Meriones　　美里奥涅斯

Μῆτις Metis Metis　　墨提斯

Μίλητος Miletus Miletus　　米勒托斯

Μίνως Minos Minos　　米诺斯

Μνημοσύνη Mnemosyne Mnemosyne　摩涅莫绪涅

Μοῖραι Moirai Moirai　莫依赖 / 命运三女神

Μοῦσα,Μοῦσαι Musa,Musae Muse,Muses　缪斯

Μουσαίος Musaeus Musaeus　缪塞奥斯

N

Nanaya　娜娜雅

Ναυσικᾶ Nausikaa Nausikaa　瑙西卡

Νέμεσις Nemesis Nemesis　涅美西斯

Νηρηῖδες Nereids Nereids　涅瑞伊得斯

Νέστωρ Nestor Nestor　涅斯托尔

Νηλεύς Neleus Neleus　涅琉斯

Νηρεύς Nereus Nereus　涅柔斯

Νιόβη Niobe Niobe　尼俄柏

Νύμφης Nymphs Nymphs　宁芙

O

Ὀδυσσεύς Odysseus,Ulixes,Ulysses Odysseus　奥德修斯 / 尤利克塞斯 / 尤利西斯

Οἴαγρος Oeagrus Oeagrus　奥厄阿革洛斯

Οἰδίπους Oedipus Oedipus　俄狄浦斯

Ὅμηρος Homerus Homer　　荷马

Ὀρέστης Orestes Orestes　　奥瑞斯忒斯

Ὀρφεύς Orpheus Orpheus　　俄耳甫斯

Ὄσιρις Osiris Osiris　　奥西里斯

Οὐρανός Ouranos Ouranos　　乌拉诺斯

Π

Παιών, Παιάν Paeon, Paean Paeon　　派翁

Πάλλας Pallas Pallas　　帕拉斯

Πάν Pan Pan　　潘

Πάνδαρος Pandarus Pandaros　　潘达罗斯

Πάνδροσος Pandrosos Pandrosos　　潘德罗索斯

Πανδώρα Pandora Pandora　　潘多拉

Παρθένος Parthenos Parthenos　　帕特诺斯（克里米亚神祇）

Πάρις Paris Paris　　帕里斯

Πάτροκλος Patroclus Patroclus　　帕特罗克洛斯

Πειρίθοος Peirithoos Peirithoos　　佩里图斯

Πέλευς Peleus Peleus　　佩琉斯

Πέλοψ Pelops Pelops　　佩罗普斯

Περσεύς Perseus Perseus　　佩耳修斯

Περσεφόνη Persephone/Proserpina Persephone　　佩耳塞福涅

Πήγασος Pegasus/Pegasos Pegasus　佩伽索斯

Πηνειός Peneius Peneius　佩纽斯

Πηνελόπη Penelope Penelope　佩涅洛佩

Πιερίδες Pierides Pierides　庇厄里得斯

Πλούιων Plouton Pluto　普鲁托

Ποδαλείριος Podalirius/Podaleirius Podalirios　波达勒里奥斯

Πολύφημος Polyphemus Polyphemus　波吕斐摩斯

Ποσειδῶν Poseidon/Neptunus Poseidon　波塞冬 / 尼普顿

Πρίαμος Priamos Priam　普里阿摩斯

Προμηθεύς Prometheus Prometheus　普罗米修斯

Πτώιος Ptoios Ptoios　普托伊奥斯

Πυθία Pythia Pythia　皮提亚

Πύθων Python Python　皮同

P

Ῥέα Rhea Rhea　瑞娅

Σ

Σαρπηδών Sarpedon Sarpedon　萨耳佩冬

Σάτυρος Satyrus Satyr　萨蒂尔

Σειρήν Sirens Sirens　塞壬

Σεμέλη Semele Semele　塞墨勒

Σπερχειός Spercheius Spercheius　斯佩耳凯奥斯

Στερόπη Sterope Sterope　斯忒洛佩

Σφίγξ sphinx sphinx　斯芬克斯

T

Τάρταρος Tartarus Tartarus　塔耳塔罗斯

Τειρεσίας Teiresias Teiresias　忒瑞西阿斯

Τεῦκρος Teukros Teukros　透克洛斯

Τηλεμάχος Telemachos Telemachos　忒勒玛霍斯

Τήλεφος Telephus Telephos　忒勒福斯

Τηθύς Tethys Tethys　泰堤斯

Tiamat　提亚玛特（巴比伦混沌母神）

Τιθωνός Tithonus Tithonus　提托诺斯

Τιτᾶνες Titans Titans　提坦

Τιτυός Tityos Tityos　提图奥斯

Τρίτων Triton Triton　特里同

Τρώς Tros Tros　特洛斯

Τυδεύς Tydeus Tydeus　提丢斯

Turan　图兰（伊特鲁里亚爱神）

Τυνδάρεος Tyndareus Tyndareus　廷达瑞俄斯

Τυρώ Tyro Tyro　提洛

Τυφῶν Typhon Typhon　提丰

Y

Ὑάκινθος Hyacinthus Hyacinthus　许阿辛托斯

Ὕδρα Hydra Hydra　许德拉

Ὕλας Hylas Hylas　许拉斯

Ὑμέναιος Hymenaeus/Hymenaios Hymenaeus/Hymen 许墨奈奥斯/许门

Ὑπερίων Hyperion Hyperion　许佩里翁

Ushas　乌莎斯（吠陀黎明女神）

Φ

Φαέθων Phaeton Phaeton　法厄同

Φαίδρα Phaedra Phaedra　菲德拉

Φήμιος Phemius Phemius　费弥奥斯

Φιλάμμων Philammon Philammon　菲拉蒙

Φιλήμων Philemon/Philemo Philemon　菲勒蒙

Φινεύς Phineus Phineus　菲内乌斯

Φοίβη Phoibe Phoibe　福柏

X

Χάος Chaos Chaos　卡俄斯

Χάρις Charis Charis　卡里斯

Χάριτες Charites Graces　卡里忒斯／美惠三女神

Χείρων Chiron/Cheiron Chiron　喀戎

Χρυσάωρ Chrysaor Chrysaor　克律萨奥耳

Ω

Ὠκεανός Oceanos Oceans　奥刻阿诺斯

Ὧραι Horae Horae　荷莱／时序三女神

Ὠρίων Orion Orion　奥里翁

（张鑫、玛赫更里　编）

跋 "古代世界的诸神与英雄"

"古代世界的诸神与英雄"主编苏珊（Susan Deacy）教授，欣然为中文版专文序介丛书缘起，她撰写的"前言"始于这样一个问题："什么是神？"说的是公元前6世纪古希腊抒情诗人西摩尼德斯（Simonides of Ceos），如何受命回答这个问题。故事源自西塞罗《论神性》（*De Natura Theorum*, 1.22）：对话中，学园派科塔（Gaius Cotta）愤而驳斥伊壁鸠鲁派维莱乌斯（Gaius Velleius）"愚蠢的"神性论说，认为就"神的存在或本质"（quid aut quale sit deus）而言，他首推西摩尼德斯；而向诗人提出"什么是神？"的人，正是叙拉古僭主希耶罗（tyrannus Hiero）；就此提问，诗人再三拖延，终于以"思考越久事情就越模糊"不了了之；按科塔的说法，"博学和有智慧"（doctus sapiensque）的诗人，对回答僭主的问题感到"绝望"（desperasse）。

启蒙哲人莱辛（Lessing）称抒情诗人西摩尼德斯为"希腊的伏尔泰"（griechischer Voltaire）：想必因为"西摩尼德斯与希耶罗"的关系有似于"伏尔泰与腓特烈大帝"。1736年，伏尔泰与尚为王储的腓特烈首次书信往还：当年8月8日，腓特烈致信伏尔泰，说他正在将沃尔夫（Chr. Wolff）的文章《对上帝、世界和人类灵魂及万物的理性思考》("Vernünftige Gedanken von Gott, der Welt und der Seele des Menschen, und allen Dingen überhaupt")译成法语，一俟完成就立刻寄给伏尔泰阅正。如此，直至1777—1778年间最后一次书信往还，上帝或神学政治问题，一直是两者探讨的重要主题。

尤为值得一提的是，1739年王储腓特烈写成《反马基雅维利》(Der Antimachiavell)，伏尔泰超常规全面修订，让这本书的作者成为"公开的秘密"，其核心主题之一也是"神学政治论"。譬如，"第六章：君主建国靠的是他的勇气和武器"中，腓特烈或伏尔泰认为，马基雅维利将摩西（Moses）擢升到罗慕路斯（Romulus）、居鲁士（Cyrus）和忒修斯（Theseus）等君主之列，极不明智；因为，如果摩西没有上帝的默示，他就和悲剧诗人的"机械降神"没有两样；如果摩西真有上帝的默示，他无非只是神圣的绝对权力的盲目的奴仆。如果所有神学政治问题都可以还原到"什么是神"，既然从古代城邦僭主到近代开明专制君主都关注这个问题，"什么是神"的问题必定攸关其僭政或专制主权。

中华儒学正宗扬雄《法言·问神》开篇"或问'神'。曰：'心'"。用今人的话说，就是"有人问'什么是神？'答曰：神就是'心'"。中国先哲就"什么是神"设问作答毫不含糊隐晦，与古希腊诗人西摩尼德斯"绝望"差别大矣哉！扬雄有见于"诸子各以其知舛驰,大氐诋訾圣人,即为怪迂","故人时有问雄者,常用法应之,撰以为十三卷,象《论语》,号曰《法言》。"(《汉书·扬雄传》)正因孔子"无隐尔乎"(《论语·述而》),扬雄效法圣人自然直言不讳:"潜天而天,潜地而地。天地,神明而不测者也。心之潜也,犹将测之,况于人乎?况于事伦乎?"就"问神"卷大旨,班固著目最为切要:"神心智恍,经纬万方,事系诸道德仁谊礼。"(《汉书·扬雄传》)可见,中国先哲认为,"神"就是可以潜测天地人伦的"心",这既不同于古希腊诸神,更不同于犹太基督教的上帝。

以现代学术眼光观之,无论《荷马史诗》还是《旧约全书》,西方文明的原始文献就是史诗或叙事,其要害就是"神话"(mythos)。虽然在《牛津古典词典》这样的西方古典学术巨著中竟然找不到"神话"词条(刘小枫《古希腊"神话"词条》),作为叙事的"神话"终究是西方文明正宗。西北大学出版社鼎力支持编译出版"古代世界的诸神与英雄"丛书,正是有鉴于此。

黄瑞成
癸卯春末于渝州九译馆
谷雨改定

著作权合同登记号：陕版出图字 25-2020-190

图书在版编目（CIP）数据

阿芙洛狄忒 /（美）莫妮卡·S.西利诺著；张鑫译. — 西安：西北大学出版社，2023.10

（古代世界的诸神与英雄 / 黄瑞成主编）

书名原文：Aphrodite

ISBN 978-7-5604-5151-0

Ⅰ.①阿… Ⅱ.①莫… ②张… Ⅲ.①神—研究—古希腊 Ⅳ.① B933

中国版本图书馆 CIP 数据核字（2023）第 143164 号

Aphrodite, 1 edition By Monica S. Cyrino /9780415775221

Copyright © 2010 by Routledge

Authorized translation from English language edition published by Routledge, an imprint of Taylor & Francis Group LLC All Rights Reserved. 本书原版由 Taylor & Francis 出版集团旗下 Routledge 出版公司出版，并经其授权翻译出版。版权所有，侵权必究。

NORTHWEST UNIVERSITY PRESS Co.,Ltd. is authorized to publish and distribute exclusively the Chinese (Simplified Characters) language edition. This edition is authorized for sale throughout Mainland of China. No part of the publication may be reproduced or distributed by any means, or stored in a database or retrieval system, without the prior written permission of the publisher.

本书中文简体翻译版授权由西北大学出版社有限责任公司独家出版并在限在中国大陆地区销售。未经出版者书面许可，不得以任何方式复制或发行本书的任何部分。

Copies of this book sold without a Taylor & Francis sticker on the cover are unauthorized and illegal.

本书封面贴有 Taylor & Francis 公司防伪标签，无标签者不得销售。

阿芙洛狄忒

[美] 莫妮卡·S.西利诺 著　张鑫 译

出版发行：西北大学出版社

（西北大学校内　邮编：710069　电话：029-88302621　88303593）

经　销	全国新华书店
印　装	陕西博文印务有限责任公司
开　本	787mm×1092mm　1/32
印　张	10.25
字　数	180 千字
版　次	2023 年 11 月第 1 版
印　次	2023 年 11 月第 1 次印刷
书　号	ISBN 978-7-5604-5151-0
定　价	85.00 元

本版图书如有印装质量问题，请拨打电话 029-88302966 予以调换。